［英］大卫·利百特　　［美］罗恩·卡斯普里斯克 ——— 著

吴晓洁　魏宁 ——— 译

后浪

非传统挥杆
精 准 实 用 的 Ａ 挥 杆 技 术

THE A SWING

THE ALTERNATIVE APPROACH
TO GREAT GOLF

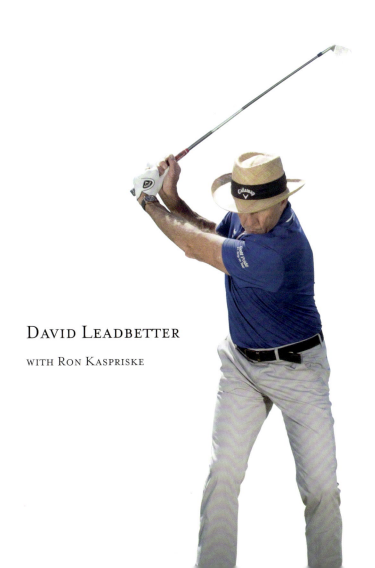

DAVID LEADBETTER

WITH RON KASPRISKE

中国华侨出版社
·北京·

大卫·利百特其他作品

（以下为中文暂译名）

《利百特小贴士》（ *Leadbetter's Quick Tips* ）

《大卫·利百特 100% 高尔夫》（ *David Leadbetter 100% Golf* ）

《大卫·利百特的有效练习方式》（ *David Leadbetter's Positive Practice* ）

《高尔夫的挥杆》（ *The Golf Swing* ）

《错误与修正》（ *Faults and Fixes* ）

《跟大师学习高尔夫》（ *Lessons from the Golf Greats* ）

《霍根的基本法则》（ *The Fundamentals of Hogan* ）

谨以此书献给我的家人——妻子凯莉和孩子安迪、哈莉及詹姆斯，
他们一直鼓励我做到最好。

目　录

前 言

从我十三岁起，大卫·利百特（David Leadbetter）就一直是我的高尔夫教练。当回忆起我们一起进行过的无数次练习片段和参加过的联赛，我觉得我们最大的成功源于为实现我的目标而共有的激情。在我的职业生涯中，有时候挫折和受伤会抑制我去练习和比赛的激情。我敢打赌你肯定时不时也会对高尔夫产生失望的情绪。相信我，我也知道这项运动有多让人抓狂，但我们并没有成为这些消极情绪的奴隶，而是把注意力集中在对比赛的热情上，这也帮助我在 2014 年派恩赫斯特（Pinehurst）的美国高尔夫球公开赛（U. S. Open）中赢得了冠军。我在奋力争夺那场联赛的冠军时感到很紧张，特别是在决赛的时候。但你知道我的其他感受吗？我那时候还感到很兴奋。决赛那天早上，我醒来时特别兴奋，很想快点出去打球，对自己的实力也感到很有信心。我十分享受那天比赛的过程。比赛结束后，我甚至迫不及待想进行下周的比赛，对练习也有着同样的热情。我现在很喜欢外出练球，为比赛做准备。因此，如果比赛对你造成了打击，那我的建议是现在应该做些改变，重新找回对高尔夫的热情。

对我而言，了解更多关于挥杆的原理能让打高尔夫变得更有趣，也让我的动作表现变得更加稳定。现在，我对 1 号木杆的击球更加自信，标准杆上果岭率也越来越高，也能给自己创造出更多小鸟球的机会。因为我的挥杆方式比以前有效、可靠，我的发挥也就愈加稳定。整个挥杆过程没什么多余的动作。我把注意力集中在稳固站姿上，在上杆过程中身体完全扭转的情况下还要使手臂挥动自如、紧凑。这样一来，在下杆时，所有动作都会同步且协调地进行。我们在这些原理上面下了很多功夫，这为大卫的 A 挥杆的实用性打下了坚实的基础，同时也让 A 挥杆成为很多高尔夫球手的不二之选。

我从大卫那儿学到，世界上没有两次完全相同的挥杆动作。重要的是找到一种挥杆方式，能够使重复击出好球变得简单起来。当我还是青少年的时候，在这项运动上面花了很多心思，充沛旺盛的体力使得高尔夫对我而言相对容易一些。但随着年龄增长，我的身体条件自然而然发生了变化，因此挥杆动作也有了改变。有一些改变是受伤引起的，但我本身也开始变得瞻前顾后。当我想力求完美时，这项运动对我而言也变难了许多。但现在我知道了，没有人可以做到完美。相反地，你应该发展出属于自己的一套方法，同时要相信并运用它。然后就是勇敢迈出去，用适合自己的那套方法来打高尔夫球。我和大卫合作时注重有效性和对我自己挥杆方式的理解，因此我可以知道如何发现挥杆中的误区并尽快进行调整。但如果一直把注意力放在挥杆原理上，也会打不好球——你无须想得过于复杂。其实就是站在球位上瞄准目标方向，相信自己能打出一记扎实的好球而已。下面以我的挥杆情况作例说明：我有时候肯定也会击出很烂的球，每个球手都这样，但我不担心这会影响接下来的挥杆，而是把注意力放在打好基础上面，然后再去参赛。这也是大卫所教给我的全部内容。他总是致力于找出相对简单的方法，提高球手的自信，从而更加享受高尔夫比赛带来的乐趣。

很多人都知道我的职业高尔夫生涯中曾有过很多起起落落。但大卫和我从未放弃在比赛时对我的球技进行调整，我们还会在大赛最后一回合对球进行仔细监控。也许你目前还没达到较高水平，但我相信，如果你尝试下 A 挥杆并采纳大卫在书里给出的建议，你会实现属于自己的成功。你也将不再那么沮丧，发现自己能比以前打出更稳定的球。现在，去打一些小鸟球吧！

——魏圣美（Michelle Wie）

我教高尔夫已经超过四十年。在此期间，我致力于提高球手的整体能力。不管是训练那些想赢得四大满贯的竞赛选手（我已经指导了19个赢得四大满贯的球手），还是那些只是想单纯打破100杆的球手，对我来说，最振奋人心的莫过于能看到他们实现属于自己的成功。这也是我要创造出另一种更成熟的挥杆方式的动力，我把它叫作"A挥杆"（A Swing），是一种非传统的挥杆方式。其也有科学依据可循，表面上看起来跟传统的挥杆方式没什么不同。实际上，采用A挥杆击出来的球，比用传统挥杆方式的更稳定、连贯。我之所以写这本书，是因为我对那些想用传统技巧实现自己的目标却面临瓶颈的球手感同身受。在下面的各章节里，我会详细阐述A挥杆的原理、如何轻松掌握及其对通往高尔夫成功之路的必要性。不过在那之前，先让我来详细解释一下发展出A挥杆的动机缘由。

引　言

我认为高尔夫是最难掌握的一项运动。某段时间你可能会觉得自己已经掌握了成功的秘诀，但这似乎总是不能持续太久。某一天你觉得挥杆自如、不费力气，击球入洞也很顺利。但第二天，你却发现自己的动作变得笨拙费劲儿，球似乎也在故意和你作对，总跑到目标方向外的其他地方。这种现象增添了高尔夫球运动的神秘性和吸引力——我们总是不能确定接下来会如何发展。所有球手身上都会出现这种情况——这项运动本身的复杂性使得稳定发挥变得困难，特别是在普通娱乐的水准上。为什么会这样？为什么我们在打球时要让自己这么紧张？是什么在阻碍我们进步？我想可能是因为顺利击球入洞的过程实在是太让人兴奋了。在这一过程中，挥杆很流畅，所有一切都按你设想的发展。所以，虽然这项运动很复杂——从挥杆所要求的身体素质，到清晰的头脑思维，让人眼花缭乱的装备选择，多变的天气情况，各种各样的球场、草地、球位，再到需要学习的多样化的击球动作——但不管怎样，有时候我们总会找对方法，打出漂亮的一杆球。每次我们准备发球时，也都希望会是这种结果。因而我们禁不住常常自我疑惑，为什么高尔夫这么难以捉摸？

　　大部分高尔夫球手都会从经验中体会到，顺利稳定击球的时光总是转瞬即逝的，成就感很快就会被"球打得很烂"的沮丧所代替。我想这是大部分球手的真实情况。他们知道自己有时候可以顺利击球入洞，打出一组好球。但好景不长，不久后他们就会开始失望，但却不知道自己哪里出了问题。他们试着调整，结果却越来越糟。即使知道了问题所在，也常常没有足够的时间进行调整。专业球手有这样的优势：除了天分之外，他们不断地重复练习，每个星期练习几十个小时，一年累计达到一千多小时。而其他大多数球手是没有这种时间保证的。另外，就算业余爱好者有时间练习打球，也得把大部分时间花在重要的短杆技术（近距离击球）上。

　　临时课程、挥杆小贴士或更换装备都能弥补时间上的缺陷，但据统计，业余球手技能得不到提高，是因为他们没有充足时间通过完善传统挥杆的练习来使自己进步。更麻烦的是，球手越为这项运动生闷气，就越不想进行练习。试想一下，你投入了时间、精力和金钱在自己在乎的事情上面，但结果却总不尽如人意。这该多让人灰心丧气！所以在我看来，这项运动需要的是一种更简单的挥杆方法，让大多数球手不需要大量的练习，就能达到想要的结果。

　　近几十年来，我见证了很多关于高尔夫教授方法、工具方面的发展历程——高速摄像机、三维分析软件、发射显示器、心理训练、与高尔夫球相关的训练、私人订制球杆、可调整的装备等。所有这些先进技术都是希望能让高尔夫运动变得更简单，从而提高整体运动水平。但现实情况是，水平并没有什么提高。不过，各赛事中顶层精英的水平确实比以前要高，比如职业巡回赛、业余选手选拔赛和青少年竞赛。现在的精英球手也比以往任何时候都要多得多。然而，连续击出好球对95%的参赛者来说还是很难。那是因为如果没有真正努力学习和大量练习，比赛击球时不断让杆头面保持正对着球、对准目标方向击球，是很难做到的。就算对那些付出时间精力的人来说，也无法保障一定能发挥良好。

你可能会觉得这个观点听起来的确令人震惊和警醒，事实上它也是毋庸置疑的。为什么高尔夫的挥杆这么难掌握？其中有许多原因，但最大的原因是这个：你需要从一个相对静止的位置出发，却必须大动作向后上方挥杆，再落杆击起一颗静止的球。而这会比打一个移动的目标，比如网球、棒球或曲棍球等类型的运动更难吗？相信我，高尔夫球难度确实更大。毕竟我曾有过相关的指导经验——帮助一些很有天赋的运动员，他们本来在其他运动领域颇有建树，后来跟着我学习高尔夫球。因此，我总结其更难的原因如下：首先，其他运动对失误会更宽容。比如在打网球时，你通常有两个机会把球打过网。而棒球的话机会更多——尽管击球手发生失误或打出界外球，最后却还是能成功击球。而在高尔夫球比赛中打出界外球，会带来更严重的后果。其次，挥杆前的紧张和过度思考会使得打高尔夫球变得更难。当你挥动棒球棒、网球拍或曲棍时，你通常会很有节奏地开始，上杆时的动作比打高尔夫相对短促、简单。这也是击打移动目标时的本能反应，这时你的大脑根本没时间再有一些害怕、消极或很多关于技巧的想法，而你本身的运动能力则占了上风。但在打高尔夫球时，球员因有充裕的准备时间反而会去过度思考周围的情况和技巧！球就在那儿，不需要做出快速反应。这时候，球手的过虑意识比起他们的本能反应更占上风，因此打出好球的概率有所下降。

知道了这点，还有其他种种使打高尔夫球如此难的原因，我意识到创造出一种有技巧的挥杆方式十分重要——它必须更有效、简单、易重复，一旦掌握，就不需要再过多犹豫。这种方式能让你的挥杆更为流畅，帮助创造出一种"简单的力量"。同样重要的是，如果你达不到这个程度，也能做到比之前更精准地击球。经过对球手综合能力的测试，以及见证了他们挥杆稳定能力的大幅度提高，我认为A挥杆在一定程度上即可象征"精准挥杆"！同时，这种挥杆技术也有助于球手发掘自己的运动天赋，让人更容易掌握其他小球类运动。

我看过很多有效的挥杆方式，也看过很多毫无作用的。有效的挥杆方式并不需要让人觉得赏心悦目。厄尼·埃尔斯（Ernie Els）与我合作了很多年，他节奏优美，挥起杆来十分漂亮，整个动作简直像一首诗般出色流畅！但跟厄尼的挥杆动作一样有效率的是吉姆·福瑞克（Jim

Furyk）那种非传统的方式（有趣的是，这种方式和 A 挥杆有几分相似）。原因在于，跟厄尼一样，吉姆能以杆面中心点（即甜蜜点）连续稳定地击球。从他们的成功经验中，我们可以知道，单靠眼睛往往没法看出这些有效的挥杆方式中可供学习的共同点。而有效率、循序渐进地把力量从身体的各部分传到球杆，才是稳定扎实击出好球的关键因素。力量应从下半身传到肩膀，再传到手臂，通过手最终在杆头达成完美的释放。根据生物力学，我们也可以理解挥杆的机理。和我一起工作很久的同事 J. J. 里韦特（J.J.Rivet）一直在研究挥杆生物力学，他是全球体育运动领域顶尖专家之一。接下来的一章将会由他来解密 A 挥杆的生物力学原理。由他的分析可知，A 挥杆能让很多球手（特别是业余球手）掌握一种比传统方式更简单、有效、可重复的挥杆方式。

我的好朋友史蒂文·耶林（Steven Yellin，运动心理学家）也会用他的专业知识来剖析 A 挥杆的实用和有效性。他曾写过一本书，叫作《流畅动作的要素》（暂译名，原书名为 *The Fluid Motion Factor*），指导学生如何调动部分大脑从而使他们做任何运动都能保持在最佳水平。了解 A 挥杆后，史蒂文觉得这种挥杆方式很合理，因为它符合一个广泛运用的法则——最省力法则。出于天性，每个人都想要尽可能花费最小的力气来完成任务，其在 A 挥杆中也得到了充分体现。

所有伟大的运动员发挥得出类拔萃，也都是因其动作效率最大化。比如说，我们都很羡慕弗雷德·卡波斯（Freddy Couples）、厄尼·埃尔斯还有罗里·麦克罗伊（Rory McIlroy）的挥杆动作，因为它们看起来毫不费力，却能爆发出如此大的能量。带有传奇色彩的冰上曲棍球手韦恩·格雷茨基（Wayne Gretzky）也是如此，他滑起冰来总让人觉得轻而易举。由于他的体格比较小，不占优势，所以动作必须非常有效率，因此他要做的不是滑到冰球所在的位置，而是滑到冰球即将到达的位置。耶林也让我想起了一篇文章，题为《看罗杰·费德勒打球的神奇体验》（*Roger Federer as a Religious Experience*），于 2006 年发表在《纽约时报》上。在这篇文章里，作者指出每次看费德勒打网球就像在看一场完美的动作表演。他从来不会站错位置，永远不会急于求成。他看起来没怎么用力，却能使球拍挥出飞快的速度。

耶林认为："顶级运动员都会遵循最省力法则。A 挥杆蕴含的法则契合顶尖运动员竞争和普遍球手所采用的最基本纲领，以及他们身处的大环境。"看过这本书，你就会知道 A 挥杆是怎么让你的动作更简单有效的，这种挥杆方式会让你更容易发力，也会提高你的动作准确度。

我更倾向于 A 挥杆当成是打好高尔夫球的实用途径或风格，而不是一种严格的方法，它需要以多种形式去学习、实践。除此之外，我从不喜欢在教高尔夫球时用"方法"这个词，因为"方法"意味着要有效挥杆只有一条路可走。但正如厄尼·埃尔斯和吉姆·福瑞克的不同挥杆方式所展现的，挥杆并不会被方法所限。不过，所有可以稳定击球入洞的挥杆方式都有一个共同点，即动作同步，也就是说，球员的身体、手臂、手和球杆配合协调，在恰当的时间里都按正确的顺序移动。如果你的手臂和球杆在进行挥杆动作时，身体的扭转也能跟上，那你的球就会越打越好，哪怕仍旧不够满意，质量也会有所提高。即使是对顶尖球手来说，击球动作不成功，也是他们动作同步产生了问题。所以，让你的动作同步就是这本书的本质目的所在。A挥杆的成功性大部分就在于它能让球手大大提高自己的动作同步性。

我还想补充几句前面有稍微提到过的话。虽然这本书的书名"A挥杆技术"中"A"的意思是"非传统的"，但我觉得大部分人在观察按这本书打球的球手，或是自己按照这本书的指导打球、再从视频里看自己时，会发现书中的挥杆方式和所谓的"传统"的挥杆技巧并没有很显著的差异。在过去的几十年里，我教过球员一些较为传统和常规的挥杆方式。不过需要明确说明的是，那时候我教的挥杆方式跟传统方式差别不大。但这本书的挥杆方式经过研究和测试，是我在自己所遵循的原则和教学经验基础上的一种演变。同时还想指出的是，从某种程度来说，我从没将A挥杆的所有内容完整传授给任何人。相信读完这本书，很多球手一定会觉得受益匪浅。然而，如果你用传统挥杆方式已经取得了很大成功，动作同步也通常配合较好，又或者你的击球相当稳定连贯，还拥有亚当·斯科特（Adam Scott）的天赋或者泰格·伍兹（Tiger Woods）的力量的话，那你很可能不需要这本书。但这本书还是很值得一读的！总之，对于大多数球手而言，我相信A挥杆可以带来很大的影响。在本章最后，我也会详细阐述能从中受益最多的群体。

所以，A挥杆到底与众不同在哪？其中最大的不同就在于上杆的过程。为了让下杆更利落精准，高尔夫球手和指导教练花了很多时间来改善或改正上杆方式。如果你能体验到全世界范围内的高尔夫球课，很可能会发现这些课程当中有10%是关于击球前准备的，比如说握杆方式、站姿、身体并行线、球的位置；有10%是围绕下杆、击球和动作结束展开的；剩下占极大部分的80%都与上杆相关。这正说明了上杆是高尔夫球挥杆中的问题区域（我们都知道它很重要，可以给下杆带来一个好的开端）。历代球手总掌握不好该方面，大部分的技术指导和改正也都与此相关。因此结合上面的阐述，下面这种说法是有逻辑可循的：传统的上杆方式对大部分高尔夫球手来说在很多方面都比较复杂，它也是击不出好球的原因。然而，A挥杆大大简化了挥杆的复杂性，也使得同样重要的下杆变得更容易操作。

大家现在应该了解了我写这本书的缘由，也知道这本书能给你的高尔夫技术提供哪些帮助，现在让我简单说说写出这本书的过程。这些年我和尼克·法尔多爵士（Sir Nick Faldo）、尼克·普莱斯（Nick Price）及其他顶尖球员进行了密切的合作，对写成这本书有很大的推动和帮助。尼克·法尔多爵士和尼克·普莱斯都赢过各项高尔夫锦标赛的冠军，也都曾拿过世界第一。我自己通过研究棒球和网球等体育运动中的动作也积累了很多知识。生理学和生物力学的专家们则提供其他相关知识的支持和补充。A挥杆的根本原则在于上杆时采用更简单的方式，让球手在下杆时能够更有效地利用他们身体运作所产生的力量。若上杆动作过于复杂，会导致下杆时手和手臂用力过度，也会让球手过度依赖手和手臂，造成整体动作配合并不流畅。在我看过的普通球手身上，这种动作会影响连续有效的发力、精确度和稳定性。那些球手似乎永远也无法克服他们的坏习惯。你也许会纳闷，为什么我要写《非传统挥杆》这本书来告诉读者们打好高尔夫球的秘诀，毕竟正是因为这些球手们的挣扎，才大力促进了利百特学院在全球的商业发展！当然，这只是句玩笑话。真正的原因是，我一直都有这么一个目标：我想找到一种方式让高尔夫球变得容易理解、不需要花太多时间去练习，又能让各种水平的球手获取最大化的成果。因而也就有了这么一句格言：练习最少化，效益最大化！

在下面的章节里，我会直击本质，告诉读者 A 挥杆如何帮助解决问题、又为什么会如此实用。同时，我希望大家能了解，即使对初学者来说，书中的挥杆方式也很容易掌握，而且能让你有更多机会打出好球。只要你掌握了 A 挥杆的一小部分技巧，在逐渐掌握其他部分的过程中，也会逐步打出越来越多的好球。在挥杆时，按着书中简单易行的指示去做，就会变得更有效率和稳定。我对我的读者只有一个要求，那就是希望你能有一个开放包容的心态，特别是在你已经学了很多年的课程、精通很多关于传统操作方法的情况下。另外，如果你学了一些和挥杆相关的课程，那这本书中有很多例子会和你的直觉相违背。不过，如果这些例子既能让你多打出几个具有爆发力的 1 号木杆球，又能让你击出漂亮利落的铁杆球的话，我倒觉得你也就不会在意这些细节了。如果你经常打出右曲球，那看完这本书，你会惊讶地发现径直发球，甚至把球打到其他方向其实很简单。你将会更明白自己挥杆动作的原理，也可能会使你第一次快速及时发现挥杆方面的错误并进行修正。

你也许会觉得，A 挥杆只适合那些差点很高的球手，其实不然。从初级球手到巡回赛职业球手，我对所有水平等级的球手都采用 A 挥杆进行指导，最终发现结果极其乐观。在此可以分享一些接受过这种指导的球手的评价。其中一个是好莱坞的喜剧演员杰基·弗林（Jackie Flynn）。杰基演过很多电影，比如《情迷索玛丽》（*There's Something About Mary*）。他是一名很出色的球手，也很热衷高尔夫，但他最近几年在这项运动上很不顺利。在我把 A 挥杆教给他的几个月后的一天，他打电话给我，说打了几杆球，发现自己的差点指数降低了（指数低到 2.7）。光听声音，我都能感受到他的兴奋。他说："我从没遇过这么振奋人心的事。用 1 号木杆打小左曲时，一下子就把球击出了 20 码（1 码 = 0.9144 米）。然后再以两杆铁杆球进洞。"更令人振奋的是，他说自己现在通常都能打败共同练习的伙伴。

另一个案例来自我的老朋友丹尼斯·沃森（Denis Watson）。这些年来，丹尼斯三次赢得美国职业高尔夫协会巡回赛（PGA Tour）的冠军，其中包括世界高尔夫球系列赛（World Series of

Golf，普利司通邀请赛的前身）。他还在高级巡回赛中一个主要赛事——2007年PGA高级锦标赛（Senior PGA Championship）中赢得冠军。丹尼斯在击球上的表现一直不错。如果不是因为在职业生涯中受过伤，他很可能会继续在那些重要常规巡回赛中夺冠——他在1985年的美国高尔夫球公开赛中拿到了亚军。我常与他交谈，也很重视他关于高尔夫球挥杆的想法反馈。丹尼斯一直是一个勇于表达自己看法的人。他最近跟我说这本书中的挥杆方式很好，意义重大。他还问我："为什么你不在我职业生涯早期就告诉我这些技巧呢？"在这要向丹尼斯说声抱歉了。

我相信每一个从休闲高尔夫球手进阶到优秀球手的人，都能从这本书所介绍的挥杆方式中获益。如果你也觉得，比起执着于传统挥杆，自己能花更少的时间学会A挥杆，那这样一来，高尔夫比赛就可以引入、留住更多练习时间不足的球手。我还希望这本书能让读者——特别是指导教练们想一想怎么教授高尔夫才比较好。传统高尔夫并非要被彻底否定，但现在也是时候让学习高尔夫、高尔夫比赛变得更容易了，原先的规则多多少少得做些改变。想想那些婴儿潮时代出生的退休人员和那些年轻的职业选手，他们想打高尔夫，但最后却因为难以取得成功而变得越来越不愿意尝试。再想想那些业余球手，他们不停尝试，却因为从中得到的乐趣越来越少，最后渐渐放弃了高尔夫。又或者那些年纪逐渐增长的高尔夫球手呢，他们对比赛越来越沮丧，因为他们击出的距离越来越短，连稳定性也越来越差。这本书中的挥杆方式，可以成为这些人的答案和救星。当球手逐渐取得进步和成功，他们就有动力去户外打球、进行相应的练习。事情确实就是这样的，不是吗？

简单来说，如果你对自己的球技感到很沮丧，觉得明明可以做得更好，却因尝试各种提高方法仍无济于事而感到疲惫厌倦，那你就应该试着读读这本书。相信我，一定会有用的！我常这么跟学生说："你也许能通过A挥杆的练习，找到适合自己打高尔夫球的方式。"

为了帮助读者更好地学习，本书涵盖很多动作指导内容和相关的两百多张插图。书里面的模特在模拟A挥杆动作时穿的是红衬衫。为了方便辨别，在那些演示错误方式和不同于A挥杆方式的插图中，模特穿的是黑衬衫。书中还总结了一些常见错误，并向读者展示A挥杆是如何一一对它们进行改正的。另外，本书也给读者提供了相关小贴士、操练方法以及一些为了提升而必须感觉、想象出来的内容。为了方便阅读，在那些介绍技巧的章节中，我在每小节的最后总结时都用了"小金球🏌"标注，这部分是对前面知识点的概括。在"A挥杆中手臂和球杆的运动"这一章里，我会强调A挥杆和传统挥杆方式真正的差别（大部分在于上杆）。这一章也包含了人们打球时的常见问题，主要以参加测试的学生提出的问题为基础编写出整章的内容。所有这一切组成了一个装备齐全的工具箱，帮助你更快掌握A挥杆。不过，需要注意的是，这本书里所有内容都是以"学习的球手都惯用右手"为前提的。如果你惯用左手，那我为这种不便向你道歉。考虑到这个原因，我对相关指导内容进行了简化。希望你在看这些内容时，能习惯从右手到左手的转换。

说了这么多，我其实还有另一个好消息，那就是事实上，我把 A 挥杆中最精髓的部分放在了书的最后。在学习 A 挥杆的过程中，**你可以同时按着那个简单易行的"7 分钟练习计划"来进行**。如果你按着第 7 章列出的那个计划去做，每次只需花 7 分钟，一个星期练上几次，你就能轻松记住并掌握 A 挥杆的原理和感觉。这显然比你用传统方式花很多时间来提高技能更有吸引力。这些精简有效的练习是在室内进行的，而且不需要击球。它们通过构建肌肉的记忆，来让你感受重复挥杆的感觉。就算是时间极为紧迫的人，一周肯定也能抽出空来，花上几次"7 分钟"来练球。书中还为挥杆练习设置一个简单、实用又省时的健身课程。这些专为高尔夫而设的训练项目很容易掌握，对一般的力量和活动能力也有极大的改善作用，是由利百特高尔夫学院的资深导师特雷弗·安德森（Trevor Anderson）设计的。这名导师是学院里"体能优化课程"的负责人。如果你稍有规律地学习这些健身课程，表现就会愈加出色。谁不想不用经历什么伤痛折磨，就有一个更强壮灵活的身体呢？

能将书中的挥杆方式与大家分享，我本人是极为兴奋的，因为我知道 A 挥杆对读者而言一定有效，而且这种方式很容易教学，背后还有科学理论的支撑。通过教授 A 挥杆，我见证了很多改变，大多数情况下，尝试这种方式的球手都进步飞快。长久以来，我一直致力于教授这项神奇的运动，而我的热情便来自于能看到学生在击出一杆好球之后脸上大放光彩，并一直重复下去。我相信本书会给你带来同样的效果。我热切盼望着和你一同踏上这段旅程。

——大卫·利百特

A 挥杆的最大获益人群

当然我还没天真到期望这本书里的挥杆方式会被所有人接受，它也不可能适合所有球手。正如我前面提到的，如果你挥杆时动作协调一致，也能很稳定地打出有力而精准的球，那你为什么还想要改变自己的挥杆呢？正如一句老话所说："如果东西没问题，就别把它修得更糟！"不过，A 挥杆也会为很多球手提供另一种选择。下面，我会列出自己理解的可以从这本书中获益最大的高尔夫球手：

- 初学者

- 右曲球手

- 每次都瞄向右侧，但打出的球总在目标左侧的球手

- 灵活性和力度下降的年长球手

- 挥杆习惯性太快且不稳定的球手

- 由于缺乏力度且太过灵活而在挥杆时动作太轻、幅度太大的女性球手

- 身体反应太快导致手臂和躯干动作不协调的初级球手

- 坚持自己坏习惯的球手

- 打得很好但连贯性不够的球手

- 开球不稳定的球手

- 很难用铁杆打出有力、精准的球的球手

- 想提高技能、尝试新事物的球手

- 对自己的球技很失望却没时间提高技能的球手

编者注：

运动生物力学是在完成一项既定的任务、技巧和／或技术时，身体肌肉、关节和骨骼的可量化活动。关于身体的运动过程，特别是高尔夫挥杆动作这一领域，J. J. 里韦特是世界上主要的权威专家之一。他专门研究导致球员动作效率低下的因素，再提供建议让球员完善自己的动作。从1985年开始，他一直在不同的大学开办讲座，其中包括法国的艾克斯-马赛大学和蒙彼利埃大学。J. J. 也是PGA欧洲巡回赛的前顾问。他目前在法国研究挥杆生物力学。下面是他对 A 挥杆的分析。

第1章

科学分析 A 挥杆的运作原理

——J. J. 里韦特，生物力学家

1998 年，大卫·利百特邀请我去他在佛罗里达州的高尔夫学院总部，帮助他更好地理解高尔夫球挥杆时身体的运动规律。他对挥杆机理所掌握的知识和我在应用生物力学方面的知识，让我们在关于"打高尔夫球时肌肉骨骼系统复杂的运动规律"这方面得以展开富有成效的讨论。自从那次见面之后，我和他成了很好的研究伙伴。为了清楚地知道在进行有效、可重复的挥杆动作时身体各部位如何运动，我们对 4 000 多名高尔夫球手的挥杆动作展开了研究。大卫从这些研究数据中得出了这样一个结论：球员们需要一种比传统方式更容易掌握的挥杆动作。的确，我们周复一周在职业巡回赛所看到的那种典型挥杆动作能有效地击中目标。但任何定期练习高尔夫的人都知道，那种动作很难掌握。这也是大卫要写这本书的原因。他在我们进行的大量研究的基础上，创造出了一种传统挥杆的替代方式，让球手即使没有年复一年的练习，也能重复稳定击出好球。

　　之所以这么说，是因为我仔细研究过 A 挥杆。大卫让我从科学的角度客观评价这种挥杆方式，并将其跟另一种更传统的挥杆方式做比较，后一种挥杆方式也是靠相似的研究测试途径来得出结论。试想一下参加巡回赛的职业球手们，比如贾斯汀·罗斯（Justin Rose）、罗里·麦克罗伊或者魏圣美，他们挥杆时多么有力灵活，但却难以复制。为了让自己创造的挥杆方式更有价值，大卫坚持把其上升到详细考核的程度，事实证明这样做也很有必要。我的研究测试表明，由于职业巡回赛球手们的天赋、技术水平和大量的练习，他们大多时候都能出色地重复采用传统挥杆方式，将球杆的力量以恰到好处的速度传递到球身上。但如果这些运动员采用 A 挥杆，那他们只需要更少的力量和动作幅度就能达到类似的效果。而与此相关的测试数据放在本章最后一部分。

　　重复击出好球需要很多关键因素，包括球手的运动天赋、精神注意力、相关装备，以及必须克服的生理缺陷。然而，从生物力学的角度来讲，最重要的就是在身体运动过程中对球杆动能的控制。身体必须稳定、平衡，动作则要流畅、协调。我的测试总结得出，A 挥杆比起传统方式更容易达到这些要求。

　　研究 A 挥杆动作时，我发现了非常重要的一点，那就是这种挥杆方式能帮助球手的动作更加协调，即大卫所说的动作同步——手臂和球杆进行挥杆时和身体的轴心运动达到同步。这也是大部分业余球手容易犯错的地方。比方说，开始下杆时，优秀的专业球手会先降低自己身体的重心。他们的脚会完全稳定在草皮上，髋部接着向目标方向转动。然后再舒展自己的身体，在击球时利用手臂力量控制球杆头。这样一来，巨大的力量就会传递到球身上。而业余球手挥杆时，身体部位的运动顺序常常是相反的。他们先利用手臂和球杆的挥动下杆，接着才进行躯干和其他部位的动作，这样会导致动作上的不连贯。然而，当研究那些按着 A 挥杆练习的业余球手时，我惊讶于他们动作连贯性和同步性的显著进步，就好像他们已经用该种方式打了很多年高尔夫球。

可能最为突出的特质还是在于它的有效性。A 挥杆使球手更容易达到上杆顶端，并为利落的下杆做好准备。这种方式没有多余动作，但能够积聚力量，使得击球强劲而有力这方面并未逊色多少。根据我已进行的相关测试，A 挥杆虽然所需的力量更少，动作幅度也更小，打出的球的距离却和传统方式差不多。由于这种挥杆动作对身体转动幅度和手臂、球杆挥杆的要求更加简单，所需要的力道也更小，因此可想而知，采用这种方式进行挥杆，球手的动作连贯性可以得到很大的提高。

如上所述，你现在应该知道为什么大卫和我对"A 挥杆可能会提升各种技术水平球手的潜力"这件事情如此激动热忱了。如果按着大卫在书里总结的"7 分钟练习计划"去练习，那你挥杆的力道就会更加稳定，动作也会更容易重复进行。当然，你的步法和平衡也会更好。在上杆时，你的身体能进行有效转动；在下杆时，你的身体则能更有力地往目标方向转动，从而也使你下杆时朝目标线内的正确方向挥杆。这样一来，稳定击出好球的绝佳机会就掌握在你自己手里。

我也知道其实大多数人只想大致了解 A 挥杆的原理，不一定非要知道我对其所做测试的相关细节。但当中有些人肯定也会觉得好奇，下面就是我对"这种挥杆动作如何作用、为什么会起作用"的相关解释。

概要

想要更精确地重复任何动作，那就需要简化必要的动作。想想直升机桨叶，它每分钟必须不停重复相同的运动 500 次，不能出任何差错，不然直升机就会掉下来。了解到这点后，设计者设计出了螺旋桨，让桨叶绕着一个固定的轴（即中心点）旋转。这个固定的点使得螺旋桨的旋转更平稳，运动轨道也不会发生变化。换句话说，这个点为螺旋桨的高效旋转提供了稳定连贯的支撑作用。虽然在高尔夫球挥杆中，身体躯干、手臂和球杆的运动跟直升机螺旋桨的旋转

传统挥杆   Ａ 挥杆

当采用 Ａ 挥杆打球，球杆在到达上杆顶端时，经过的路径更短、更为直接。

不同，但这两者还是有很多共通之处的。我希望球员们可以把身体看成固定的轴（中心点），那手臂和球杆就可以当作螺旋桨的桨叶。正如桨叶的有效运动一样，Ａ 挥杆减少了不必要的动作，简化身体所需要的运动，让手臂绕着身体挥杆，从而不断击出坚定有力的球。

下面是 Ａ 挥杆相比于传统挥杆的测试数据：

■   下半身固定不动，比起传统方式少用 30% 的力就能恰当回转上半身，也会产生更稳定的作用力。

■   下半身（即固定的轴）与上半身的旋转幅度提高了，核心肌群也更加有力。

■   球杆的移动更加连贯，因此球手在击出有力的球之前不需要再做调整和修正。

■   步法的协调性提高了。在上杆和整个挥杆过程中，重心在两只脚之间的转换更为均匀。上杆时，右脚跟多承担了身体 45% 的重量；击球后那一瞬间，则换成左脚跟多负担身体 45% 的重量。这说明髋部在下杆时旋转幅度更大了。这样一来，球杆的挥动更自如，不至于受到身体的阻碍。

- 为了让上杆更有效率，手臂移动的距离比传统方式减少 20%（这是 A 挥杆的特点之一，也符合引言中史蒂文·耶林所提倡的最省力法则）。虽然手臂和杆柄所移动的距离更短（这样会使得摆臂幅度更小），但非常有趣的是，相关测试显示，由于手腕的负荷加重，杆头移动的距离反而比传统方式多出 15%。这种更紧凑有效的挥杆方式更容易重复，也会击出距离更远的球。

- 在上杆达到顶端时产生了更多弹性势能。由于肌肉协调性更好，转肩幅度提高了 10%。从开始准备到击球，髋部和肩部的扭转幅度更是提升了 25%。

- 重心下移了 15%，让球手从上杆转到下杆的过程中身姿更加平衡。

- 比传统挥杆方式少用了 30% 的力量，却能产生相同的效力。即使是在球杆速度大致相同的情况下，A 挥杆也能更好地协调身体旋转和手臂、球杆的移动，这样就能创造更好的击球条件和更快的球速。

- "击球效率"（球速和杆头速的比率）提高了 8%。换言之，只要利用杆面中心点（甜蜜点）更稳定有力地击球，球手就能轻松地把球打得更远。

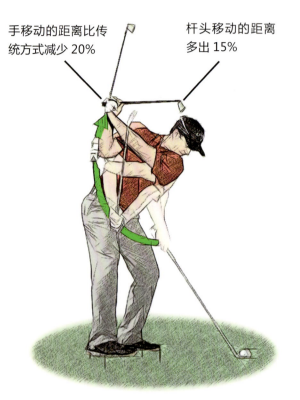

手移动的距离比传统方式减少 20%

杆头移动的距离多出 15%

左图：平均而言，参与测试学员手部移动的距离（利用杆柄的移动距离来测量）比传统挥杆方式缩短了 20%。同时，由于手腕的负荷加重，杆头经过的距离较之前增加了 15%。

A 挥杆的优点

下图：对于大部分球手而言，这种挥杆方式用力较小，产生的弹性势能却更多。同时，它也提高了球手的协调性和平衡性，"击球效率"也有所提高。球手利用杆面中心点更有力地击球，能把球击出更远。

转肩幅度提高了 10%

增加了手臂和球杆的能量传递

下半身固定，回转上半身时节省了 30% 的力量

髋部和肩膀的扭转幅度提升了 25%

重心下移了 15%

总结

- 身体开始动作时，由于有了一个稳定的轴心，肌肉所需的能量更少。利用腹部的深层核心肌群发力，可以为挥杆创造出更多潜在的能量。

- A挥杆帮助球手姿势优美地完成挥杆动作，达到挥杆顶端。手臂挥动更简单，所需时间更短，动作也更有效率。

- 采用A挥杆时，球杆在到达上杆顶端，即将挥到下杆平面时，所处的位置对球手更加有利。

- A挥杆在下杆时有更多时间使动作同步，也就会有更多时间产生能量、有力击球。

- 挥杆过程和螺旋桨的原理相似性使其更容易重复。

- A挥杆使得挥杆过程更快，又不会失去平衡，从而使得击球距离更远。

总的来说，A挥杆比起标准挥杆方式更有效率，动作操作起来更方便，也更容易学习。这种挥杆方式确实有效！

祝大家好运！

高尔夫球手打得很好——击球有力，又能控制击球动作时，能感受到自己击球的节奏、速度和时间控制都恰到好处。他们挥起杆来不费力气，内心十分平静自如。据他们自己的说法："只是觉得它很简单自然。"然而，"它"究竟是什么？为什么"它"看起来如此来去无踪？有时候，"它"会和你待上一段时间。其他时候，"它"则在击球过程中出现了一下又会马上消失。原谅我跟大家玩一下文字游戏，但"它"就是有点神秘，不是吗？不过，能确定的一点是，在整套击球动作的复杂顺序中，就比如挥杆，大部分球手都努力想一直保持住那份良好的感觉。就算是巡回赛的球手，有时候也会说自己没了感觉（即前文所说的"它"），挥起杆来找不到节奏。当"它"消失的时候，之前轻松自如的挥杆就会让人觉得很困难、僵硬，从而导致球手在挥杆时思虑太多。

第2章

完美击球的关键：动作同步

我确信人们口中说的"它"指的就是动作同步。当高尔夫球手动作同步时，身体的转动（因素1）和手臂、球杆的挥动（因素2）协调得当，就能控制好时间和节奏。这两个基本因素必须恰当地结合在一起，才能有效地将力量传递到球身上。在高尔夫挥杆过程中，动作同步不是说身体的转动和手臂、球杆的挥动同时进行、速度一致，像手脚同步的游泳者那样，这样反而

身体按着内侧小圆的轨迹转动，手臂、手握住球杆按着外侧大圆的轨迹挥动。

没办法为击球产生多大的作用力。而我所说的动作同步指的是这两个首要的因素结合出来的动作互相协调、有条不紊地进行下去，这样就能产生适当的能量、力量，更重要的是，易于重复。前页这张图看起来有点太过简单，它认为挥杆这个动作包含着两个"圆"的动作。图中内侧的小圆指的是身体转动的轨迹，也就是"轴心运动"。外侧的大圆则是手臂、手部和球杆的移动轨迹，也就是"挥杆运动"。

轴心运动和挥杆运动的相互协调和配合是至为重要的。换句话说，让两个"圆"的动作同步就是不断击出好球的秘诀所在。

身体围绕内侧的小圆回旋与归位是这段"动作协作关系"中最主要的部分，也是高尔夫挥杆的生命线。 它可以产生流经手臂、双手的能量，最终传递到杆头。用图像表示的话，轴心运动就像一个小齿轮，它牵引着一个更大的齿轮运动（即手臂和球杆的挥动）。或者像我常说的那样，就好比狗（身体）总会不由自主地摇尾巴（手臂和球杆）！挥杆时的各动作以不同的速度在这两个"圆"的轨迹上运动。其中，动作的速度取决于所要移动距离的远近，距离越长，速度越快。杆头所经过的路径最长，因此它移动的速度必须比手部快。反过来，手的速度要比手臂快，手臂的速度比肩膀快，肩膀转动的速度则比髋部快。有条不紊地进行这些动作，从而使得挥杆有节奏，击球又稳定。了解这两个"圆"的动作原理是培养动作同步性的关键步骤，也是 A 挥杆很重要的一部分。

小圆，即前文所说的"因素 1"和"轴心运动"，只要稍加了解，会相对更容易实践。让大多数球手苦恼的是，如何将"因素 1"与手臂、球杆挥动中的各项要素结合在一起。比如大圆（即"因素 2"）中的许多问题：挥杆时屈腕展腕、手臂是弯曲还是伸直、先完成延迟释放、杆头面正对目标击球、释放击球动作再到动作结束，这其中有各种各样的动作。让这个大圆的动作更简单、容易重复，便是我创造 A 挥杆的主要原因之一。**可以这么说，我这些年教学理念的本质就是高尔夫挥杆中的动作同步，对学生所有的指导都是为了让他们能实现这个目标。** 魏圣美从 13 岁开始就是我的学生。在过去，我对其教学的大致方向就是让她的挥杆能实现动作同步。因为她四肢比较修长，所以这对她而言一直都是一个挑战。但当她越理解同步化这个概念，她的体能在不断提升的同时，也越能实现这个目标。现在，她身体躯干和手臂的动作已经变得十分协调。因此，在比赛中她也成了一名绝佳的选手，击球时瞬间爆发力很强，对整个击球过程的控制力也很好。我相信，对绝大部分高尔夫球手而言，A 挥杆会成为实现动作同步的最有效捷径。

我在教授业余球手时，常感到很有趣。他们在不击球、只做动作的时候，能把轴心运动做得非常好。我会让他们把双手叉在胸前，模拟挥杆时身体的扭转情况，再把这些训练内容都用摄像机录下来。后来我发现，大部分球手只需要一点相关指导，就能在短时间内轻易掌握不握球杆的轴心运动。他们在转动上半身时，下半身十分稳定，还可以正确地让自己重心右移，非常接近完美的上杆动作。当下半身转动流畅，且身姿平衡地往目标方向倾斜时，他们会将身体重心左移，仿佛完成有力的下杆动作。他们的头保持不动，以标准完美的动作最后将重心向右脚尖转移，从而完成动作。整个过程流畅自然。你如果有机会看到的话，一定会觉得：**哇！如果他们真正挥杆时也这样的话，一定会把球打得相当漂亮。**

唉！但当我把球杆拿给他们让他们真正击球时，一切就都发生了变化。训练时流畅的动作消失了，开始出现一些莫名其妙的动作。突然间，回旋幅度减小，重心转移混乱，身姿也不再平衡，脊椎角度改变了，头开始四处乱转，动作也结束得乱七八糟。整个过程看起来笨拙不堪。为什么前后会发生如此对比鲜明的变化？很简单，挥杆时，他们身体的轴心运动变得低效而复杂，身体不再是动作的"主导者"，转而变成了"跟随者"——结果就是尾巴来摇狗！在实际挥杆过程中，我们看到的很多错误的轴心运动都不是挥杆失败的原因，反而是受了手臂、手和球杆做出的错误挥杆运动的影响。高尔夫球手总有一个本能的目标，就是发挥力量，然后找到一种方式及时用杆头面正对目标径直地击中球。大部分业余球手都错误地想仅用手臂和手来实现这个目标。结果，身体动作不再自然，他们的挥杆常看起来左右摇晃、失去平衡。如果这些球手能找对方法，提升、简化自己挥杆时的一些步骤动作，就有机会协调完成这两个"圆"的结合。这样的话，轴心运动就能重占主导地位，让球手的整体动作更加自然，就像"双手交叉在胸前"不握球杆训练的时候那样——这个也是最终目标。我时常提醒学生，如果他们实际挥杆时，轴心运动看上去和感觉上就像训练时没拿球杆那样，那么他们就掌握了挥杆的要领——这时也就可以发挥出最佳水平了。

我创造出 A 挥杆，是为了让手臂、双手和球杆在挥杆时动作更简单，这样就能更容易做出正确的轴心运动。这一点在很多挥杆方式中都难以达到。

要想提高球技，你并不需要像巡回赛的职业球手那样有极强的灵活性、充分的力量或迅速的动作，你只需学会让手臂在挥杆时和身体的轴心运动相互配合。当然，灵活性和力量方面的优势能让你挥杆时更有力、回旋幅度更大，肯定也能把球击得更远。而有能力控制蓄力及屈腕展腕挥杆，则能产生杠杆力量，让你的击球更加有力。但这些不是稳定有力击球的绝对前提。我们每个人的身体特质不同，挥起杆来也各有特色。所以说，简化挥杆方式、让动作同步才是我们的目标。调整得当的初始站姿、强而有力的轴心运动及简单的挥杆动作，这三个因素如果恰当地结合到一起，自然就能不断打出有力量的球来。另外很重要的一点是，就算你打的球不是特别完美，这些球也会打得比以前好，这便是差点低的秘诀，也是其关键所在。

好的挥杆动作可以有效、循序渐进地传递能量。看看职业球手的下杆动作吧！他们的下半身会先往目标方向转动，或者就像杰克·尼克劳斯（Jack Nicklaus）所说的"从脚下往上彻底放松"。接着上半身保持不动，手臂和手依次朝着击球方向向下挥动。最后杆头延迟过后释放蓄力，将能量最终传给了球。这就好像甩鞭子一样，如果顺序改变或过程受到干扰的话，那挥杆基本就无效率可言，也不会起什么作用。完美的挥杆需要很多技巧，你得手眼协调，还要掌控时机，把不同步的动作"拉上轨道"，最后才能打出漂亮的球来。我们通常在慢动作播放挥杆的相关视频时，可以看到好的球手会用快速准确的手部动作来使动作同步。但大部分球手没办法在最后一刹那对自己的挥杆动作做出补救和修正。

有这么一个通则：挥杆频率越紧凑，动作也就越连贯稳定。从逻辑上分析，挥杆时间越短，手臂就越不会向后回摆，动作同步也就越容易——这样就能减少很多额外的考虑因素。经常会听到很多高尔夫球手说，当他们觉得自己挥杆只进行半圈的时候，就是球打得最好的时候！如果前面所说的两个因素（即小圆和大圆）中其中一个速度过快，那挥杆动作就不能同步。举一个优秀球手身上常有特征的例子：上杆时，在手臂和球杆到达顶端前，身体的旋转就早已结束了。这样一来，手臂就必须快速、独立完成达到顶端的动作。再说说一个相反的例子，常发生在很多球技较差的球手身上：身体还没完成旋转，手臂和球杆就已经到达顶端了。**上杆的目标就是在下杆快开始前，回旋的上半身刚好停止转动，同时手臂和球杆的挥动也恰好到达了顶端。**

下杆时也会出现动作同步的相关问题，但这常常是上杆动作不同步造成的。球技较好的球手常过快把身体朝目标方向转动，这样会使得手臂和球杆的动作落后一大截。你也许听过一些球手或电视台的评论员说到这个词——"被卡住了"，这个词的意思是身体躯干的扭转比正在向下挥动的手臂超前太多，也就是身体躯干的动作快，而手臂、球杆的动作慢。当球手"被卡住"时，他们通常会加快手臂和球杆的速度，又或是稍微减慢身体的转速，从而让自己在击球前的动作再次同步一致。不过，这需要很高的运动天赋和精确的时间控制，通常也没法真正调节好。我认为，巡回赛的职业球手打不好球，多半是因为动作不同步。因此，他们得调整挥杆动作，让上下身的动作再次同步起来。同时，普通水平的球手通常只用自己的上半身来完成下杆动作。这样一来，当挥杆动作完成到一半时，身体已经定住，手臂和手掌却还在挥动，那球杆打出来的球一定不在正确路径上，从而就有了右曲球、偏向球或者随便你怎么命名的球。出现在下杆中，与上杆动作不协调有关的常见挥杆错误包括：

■　顶端位置过高

■　从顶端开始发力（投掷）

- 下杆时"被卡住"

- 下杆太迟

- 下杆过早

- 击球时手掌外翻

- 击球时左手作用力太弱（鸡翅膀）

- 向外旋转

- 右曲球

- 动作迟疑

为了改正这些错误，就需要直击问题的根源——动作不同步。如果你单纯想改正眼下的错误，够幸运的话，也许你一段时间可以打出不错的球。但这种草率的应急方法一般情况下都不是长久之计。我常觉得在过去的几十年来，虽然在对挥杆的相关分析和高尔夫的设备上有很大的发展，但高尔夫整体的水准却没有真正提高，而没有直击问题的根源便是最大原因之一。对很多球手来说，用传统方式改正错误注重的是改变动作的影响或效果，而不是直面问题的本质。这就好比你只顾着修补房子墙上的裂缝，却没想到问题其实是你的房子本身不牢固。如果你不从根本上着手，这些裂缝过段时间还是会出现。

我发现很多专业球手，包括一些已位列"高尔夫名人堂"的球员，他们把一生的事业都奉献在修补墙上那些各种各样的裂缝上面。换句话说，他们一直都在弥补挥杆技巧上的一些缺陷（你肯定会觉得惊讶吧，这么多优秀球手的挥杆动作都是靠弥补缺陷练习出来的）。但即便是做到这点，也需要花费这些天才运动员很多年的练习、坚持、追求完美的耐心和不断的重复。最终，他们找到了一种方式，让自己即使在有技巧缺陷的情况下，也能使挥杆动作协调同步、稳定地击球并将能量传到球身上。但大部分球手都没有足够的天赋、技巧来弥补挥杆动作上各种各样的缺陷。因此，与其在旧路上坚持不停地改正错误（虽然可能会有点用），还不如通过理解动作同步，最终直击本质的方式来解决问题。动作同步是打好高尔夫球的必要环节。

这就是我认为 A 挥杆有效且会被广泛接受的原因。它直面动作同步的核心，还可以提高击球的稳定性，把手臂的挥杆运动和轴心运动这两个"圆"简单地结合在一起，而这也是我们的最终目标。当你正确地把这两种因素结合到一起时，就可以改正很多常见的挥杆错误。这种最简单有效的方式能"让狗摇起尾巴"来。你所要做的就只是跟着我的方式一步一步来。下面就让我们开始吧!

下面这幅插图出现在我的第一本书《高尔夫的挥杆》里面,这本书也是一本具有突破性意义的畅销书,于 1990 年出版。这么多年来,其中的理论框架一直是我自己、利百特高尔夫学院的指导教练们教学理念的基础。这些理论框架经得住时间的考验。这幅插图画的是一只狗摇着尾巴。这就像高尔夫中的挥杆一样,球杆会随着身体的动作而挥动。这一点是 A 挥杆重要的基本原则之一。现在,让我们一起试着"摇起尾巴来"!汪!汪!

要想建造一幢坚固的建筑物，你必须要打好地基。对于打高尔夫球来说，就意味着你要调整好姿势，准确地说是调整瞄球（击球前的准备）姿势，包括四点：（1）握杆；（2）站姿和手臂位置；（3）身体并行线；（4）击球前球的位置。挥杆是一个依次进行的整体性动作，是从调整起始站姿开始的。很多人挥杆出错，多是瞄球姿势不当造成的。这很可惜，因为你只要稍微注意一下在击球前如何正确站立，再将瞄球的规则不断重复练习，就能避免很多挥杆上的错误。姿势调整得当无疑是正确挥杆的前提。因此，每个人都应该在此方面多加练习，直到真正掌握要领。

第 3 章

A 挥杆的基础要素

常见错误

用手掌靠近根部的位置（而非手指）握杆，这会对手套掌心部分的垫片产生挤压，进而使手套产生不必要的破损。

1. **利用左手掌心握杆**。这应该是这项运动中最常犯的握杆错误。我估计可能至少 80% 的高尔夫球手有这个问题。不管我去到哪里，这个问题都很常见。很多惯用右手发力的球手都习惯将球杆握在左手掌心，而不是利用手指握杆。但由于球杆在手掌间移动与手套产生了摩擦，球手手套上的垫片会产生破损甚至出现破洞，这无疑说明了该种握杆方式一直是错的。

大部分高尔夫球手使用手掌掌心握杆，只是因为他们不知道怎么握杆才比较好，加上这种握杆方式让他们觉得很安全。不过这也说明了一件事：跟着感觉走却是错误的！同时，对于很

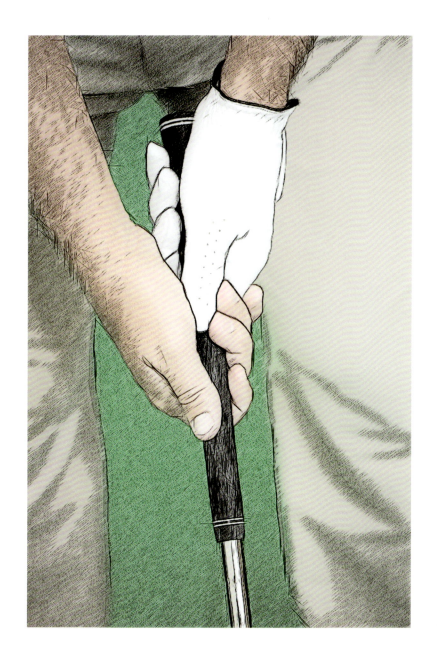

典型的错误握杆方式：左
手发挥的作用力"弱"，
右手发挥的作用力"强"。

多高尔夫球手来说，其实他们所用球杆的型号并不合适——要么太粗，要么太细，这使得球杆
不自觉地受力于手掌（在此建议读者让专业教练或所在俱乐部的装备负责人帮忙看看所用球杆
的粗细是否得当）。不管怎么说，使用手掌心握杆会产生强大的挤压力，使得手和手臂在开始上
杆时作用力过大。使用手掌心握杆也会限制自然屈腕挥杆击球时左手腕的用力，而这一要素在
挥杆中是很重要的。以这种握法，就会出现我们常说的使不上劲的左手，它是指左手离杆柄左
侧部分过远。这样一来就只能看到左手的一个关节，而非正确姿势的两或三个关节。同时，右
手处在一个占据作用主力的位置，因为它几乎从杆柄下面完全握住了球杆。用这种毫无技巧的

姿势不当限制了
身体的正确动作。

瞄球时手臂肌肉紧张会
影响挥杆的流畅性。

握杆方式开始挥杆完全是错的，这也会产生后面的一大堆错误。

2. **弓背瞄球，握杆时手臂肌肉紧张**。击球前的准备姿势过于随便或者不到位的情况包括
   脊椎呈圆弧状（弓背）、膝盖僵直或过度弯曲、缩头、握杆时手臂肌肉过度紧张，它们
   都会限制身体在挥杆过程中的正确运动。瞄球姿势适当对自如挥杆非常重要，也就是
   说，在挥杆时你的动作会非常流畅稳定且能保持平衡。手臂肌肉紧张是挥杆时节奏和
   速度不当的主要原因之一。因此在开始挥杆时，你要放松头部和手臂，这样它们才不
   会在一开始便控制整个动作。肌肉紧张会消弱身体通过手臂和手传给球杆的能量，从
   而导致动作不连贯。

身体并行线的一个常见问题：球手总是注意让双
脚与目标平行，却忽略了上半身也应与之平行。

3. **身体与目标的平行方式是错的。**打高尔夫时瞄准目标很难，高尔夫与其他运动（比如
箭术）的瞄准方式不同。在箭术中，你的身体和眼睛只需在箭的后面瞄准目标，身体、
眼睛和弓箭与目标形成一条直线。而打高尔夫时，你的身体面对的方向是与目标线垂
直的，而击出的球是在身侧。通常高尔夫球手只注意让双脚与目标线平行，却把髋部
和肩膀抛在脑后。其实，上半身位置正确更加至关重要。很多偏离目标方向的球都是
因为肩膀和／或髋部没有正确地与目标线平行。

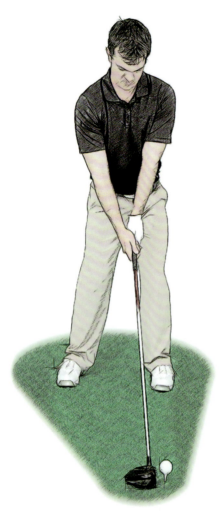

右曲球手准备击球时通常会把球放得过于靠前（相对目标）。

左曲球手准备击球时通常会把球放得过于靠后（相对目标）。

4. **准备击球时把球放得要么离身体太远（靠向目标），要么太近（靠向身体中线）。** 球的位置问题与一般易被忽视的问题不同，大多是由球手的挥杆习惯造成的。举个例子，右曲球手总会从外到内横穿目标线切击。为了弥补这个缺陷，他们在击球前一般会把球放得离站的地方远一点。挥杆路径严重从内偏外的左曲球手则会偏向把球放在离站的位置近一点的地方。无论用哪种球杆，球的位置问题也不会改进。比方说，很多球手自己没有发现，不管用的是 1 号木杆还是铁球杆，他们总习惯把球放在同一个位置上。再看另一个常见的例子：球手用铁杆打球时，故意把球放得离身体所处位置远一点，尝试把球打得飞起来。总之，球的位置要参考球杆的长度，后面我会对这一点做出相应的解释。

现在，相信你已对一些击球前不利于提升击球能力的常见错误有了大致了解。接下来再来告诉大家如何为 A 挥杆打好基础。

握杆

我推荐的握杆方式和标准方式不同，它是整个 A 挥杆体系中不可缺少的一部分，做起来自然不生硬，一开始你可能会觉得别扭，但它是为了让手和手腕能精准运动而设计的。已故的高尔夫球传奇人物本·霍根（Ben Hogan）曾经说过："好球始于好的握杆方式。"对于"好的握杆方式"有各种不同的解释。但在 A 挥杆的相关测试中，我发现自己所教授的这种握杆方式对实现最终目标十分有效。这里所说的最终目标指的就是击球瞬间杆头能挥出最快速度，且使得杆头面正对目标方向，从而能经常性地径直击出长距离的球。

因为握杆在 A 挥杆中起着重要作用，加之我所提倡的握杆方式跟传统方式不同，因此，我想先说明一下两只手在球杆上的观感，接着会告诉大家如何把手放到正确的位置上。

双手合十——"祈祷式握杆法"。

完整的"祈祷式握杆法"中双手窝成对称的杯弧状。

当你向下看时，能
看到左手 2 ~ 3 个
关节。

　　我将这种握杆方式形容成一种"自然的居中位置"，即双手合十。用这种方式握杆，当你把
手举高到面前时，因为左右手腕十分对称，或者说窝成杯弧状，这个角度看起来就好像双手合
十的祈祷姿势一样。

　　对于惯用右手的球手而言，握杆时左手的位置用高尔夫术语来说属于"强力握杆"（在球杆
上环过右侧部分）。当你瞄球时，低头看左手，要能看到 2 ~ 3 个关节。另外，左手食指的延伸
方向要和右眼成一直线。

　　相反地，右手则属于"弱力握杆"（仅有手指绕过杆身的左边部分）。右手食指的延伸方向
要和左眼成一直线。（"强力""弱力"与你所施用的力或握杆的松紧程度无关。）

　　很多参与测试的学员都说用这种左右匀力对称的方式握杆，不一会儿就感觉到很舒适。这

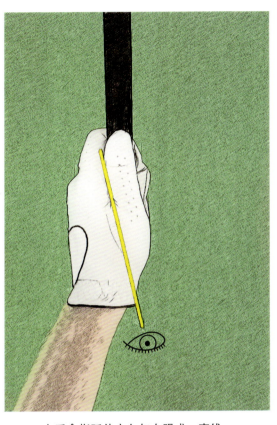

左手食指延伸方向与右眼成一直线。

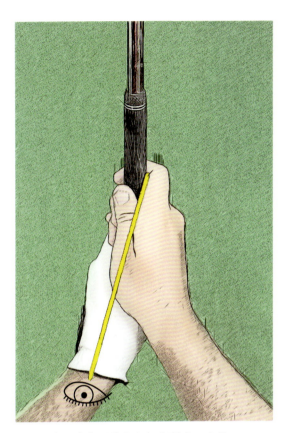

右手食指延伸方向与左眼成一直线。

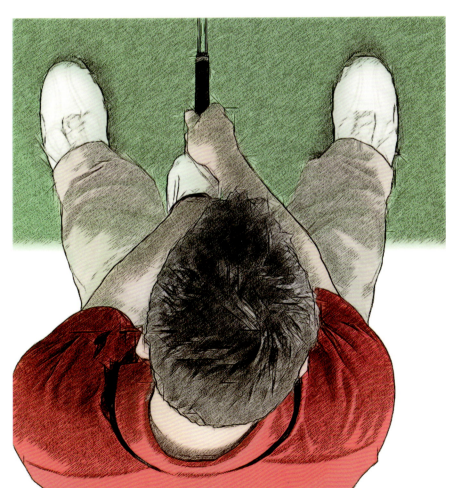

俯视角度下的完整握杆方式。

1. 将杆柄横放在手指和手掌之间。　　2. 大拇指和食指形成了关键联结。　　3. 左手食指的第一个关节突出，像放在扳机上一样。

种方式能让你的手腕更灵活柔韧，从而正确蓄力准备和发力。同时，在击球时，手可以控制自如，使得杆头正对目标释放力量击球。

现在，你应该已经对这种握杆方式有了基本了解。下面为大家详述握杆的相关步骤。我们先从左手开始。

首先把杆柄倾斜放在手掌与手指之间，杆身正好处在食指的弯曲指节部分。握住球杆时，左手大拇指可以触碰到食指的第一个关节（稳固握杆的关键联结），同时与杆身成一条直线。左手食指的第一个关节突出一些，就好像放在扳机上一样。

右手手掌包住左手拇指的顶端。

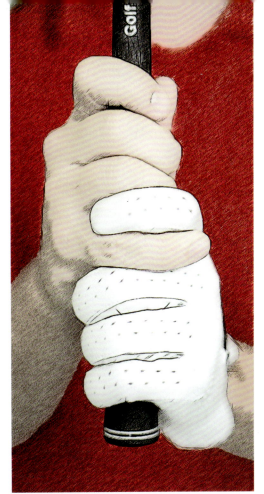

右手食指稍突起，像抠在扳机上。

　　现在轮到右手。右手生命线必须紧贴左手大拇指上端，就像舌头与牙槽之间的接合。同时，要确保掌心盖住大拇指。两手拇指部分则依次排列，几乎互相平行。整个右手握住球杆，食指和中指稍微分开一点，食指好像抠在扳机上一样稍突起。

　　知道了双手要怎么放在球杆上，你还得把它们连接成一个发挥效用的整体。下面我提供了三种方式，其实是按我自己的喜好列出的。第一种方式是沃尔登的"叠指握杆法"。这种方式于20世纪早期在伟大球手哈里·沃尔登（Harry Vardon）的推崇下变得流行起来。用这种方式握杆，右手小指要放在左手中指和食指的间隙上方。这本书插图里用的就是这种握杆方式，大部分职业球手也对此种方式较为青睐。第二种叫作"棒球式握杆法"（又称自然握杆法），即简单地把右手放在左手下面。这种方式适合以下几类球手：手长得小、手的力气小、患有关节炎、想让杆头产生更快的速度。第三种方式是"连锁握杆法"，为杰克·尼克劳斯和泰格·伍兹所推崇。在这种方式中，右手小拇指和左手的食指是紧扣在一起的。

　　虽然这三种方式对 A 挥杆都适用，但我个人比较喜欢"连锁握杆法"，因为它可以让手自然地握住球杆，也与"祈祷式握杆法"配合得更贴切。**这种握杆方式的关键在于让两个互相连接的手指——小拇指和食指放松并稍微突起来，不要完全贴在球杆上，这样能减轻握杆时对球杆的压力。**而这种方式的问题在于，有些球手用其握杆时，会把小拇指和食指压在一起，这样一来会产生过多压力。这两根手指之间如果没有压力的话，手腕就能自如运动。

整个握杆过程中，左手的后两根手指与右手的大拇指和食指几乎感受不到压力的存在。这可以让你控制好球杆，帮助手腕在上杆时屈腕、蓄力产生更多的杠杆力量，从而在下杆时更好地保持屈腕、推杆，击球就会更加有力。

不管你用的哪种握杆方式，都应该使握杆时的压力小一点，不过不是完全放松，而是刚好

1.叠指握杆法	2.棒球式握杆法	3.连锁握杆法

足够有力到挥起球杆离开地面，而你所感受到的只是球杆在手上的重力。如果我们用数字来表示整个过程的握杆压力，10 是最大压力的话，那你的目标就是 3 或 4。用这种方式握杆能让你的手臂和肩膀感觉不到紧张僵硬，有利于做出流畅的挥杆动作。

与 A 挥杆搭配的握杆方式既能让你的手和手腕在挥杆时自如地发挥出各自的作用，又能控制好球杆，并保持球杆的稳定性。

与 A 挥杆对应的
握杆方式完整图

A 挥杆

"握杆"知识点

■ 握杆时左手为强力主导，右手弱力握杆（"祈祷式握杆法"）。

■ 把球杆倾斜放在左手掌下半部分和手指之间。

■ 整个握杆过程中始终保持较小的握力（握力最大为 10 的话，我们需要的为 3 或 4）。

站姿和手臂位置

击球时站姿应标准专业化又保持放松，这能让你的挥杆有力道而又可重复。如果你的身体倾角明显，那将更有可能在身体扭转时保持平衡，使其绕着一个稳定的轴做轴心运动。脚、膝盖和大腿形成一个扎实的基础，支撑身体的旋转。与起始站姿一样重要的是手臂在击球时的位置，如果你开始姿势就不正确，那很难正确运用手臂。反过来也是一样。

为了确保站姿和手臂动作都做到位，你可以按下面的步骤做（对着镜子更有效果）：首先，身体挺直，用"祈祷式握杆法"举起6号铁杆，杆身朝上。接着，手臂放松，下压肩胛骨，胸骨抬高，使手肘触及胸腔。双腿站直，双脚稍微向外分开，保持左右脚大拇指之间的距离与肩宽相近。接下来，从髋关节开始下弯，让上半身向前倾斜。尾椎骨后移，直到髋部超出脚后跟。保持球杆不动，此时腘绳肌腱和小腿肌肉应感受到紧绷的拉力。这种姿势会让你感觉到压力下移到脚掌心，身体的重量得到平均分配。

现在放松，稍微活动一下膝盖（别过度弯曲）。然后轻轻抬起髋部左侧向右翘高（左臀要比右臀高大概半英寸，1英寸 = 2.54厘米），这样可以使你的脊椎向右倾斜，或者说让你离目标稍微远一点。用1号木杆挥杆时，这一点尤为重要。所以，请对照镜子认真检查你衬衣上的纽扣，确保它们都已经向右倾斜。最后一步是放低球杆（身体其他部位稳定不动），直到杆底轻放在地上。放松双臂，手肘稍稍屈成弓状。一旦球杆着地，你应该同时有这两种感觉：上半身放松自然，下半身坚定有力。

当你用不同球杆做这些动作时，要想检查你和球的距离是否得当，就要观察当你完成整个击球动作时，上臂是否轻触胸部。如果上臂和胸部完全没任何接触，那说明你离球太远；如果手肘紧贴着胸部，则说明距离太近。

从这个动作开始练习击球站姿。　　　　　　　　从髋关节起身体下弯，尾椎骨向后移。

击球前手臂放松。

落下球杆使其着地，稍微弯曲膝盖。

左臀高于右臀，
脊椎朝与目标相
反的方向倾斜。

双手合十，此时手臂的状态就是握杆时的正确姿势。

　　好了，现在你对击球前的站姿已有了基本了解。我们要再观察一下手臂的位置和感觉是否正确。这里分享个简单的训练方式：在镜子前想象没有球杆时的击球准备姿势。手臂在胸前放松下垂，上臂贴着胸部，双手之间的距离约 6 英寸远。接着双手合十。感受一下手臂的柔软自然状态，并注意观察双手合十后手臂的形状，你会发现两个手肘都稍屈成弓形。当你拿着球杆准备击球时，再回顾一下这个感觉。

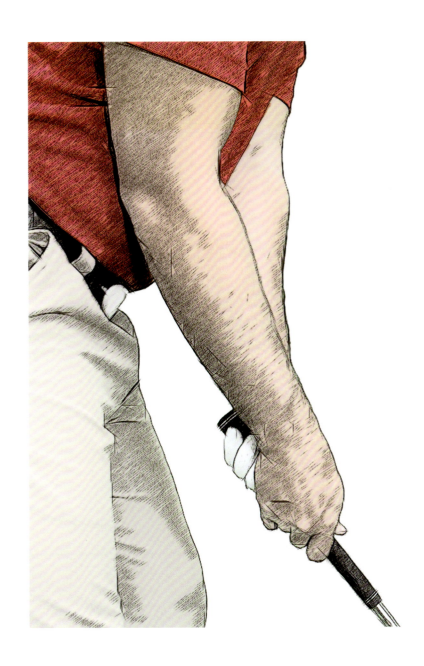

从镜中看到部分左
臂在右臂上面。

　　下面是最后一个步骤。在这个步骤中，同样需要镜子的帮助。首先，拿起球杆，回到击球
前的姿势。侧头注意看镜中自己的右肩，现在放松并下压右臂，这样你就会看到部分左臂在右
臂上面露出。采用"祈祷式握杆法"时，这一点尤为重要，因为它可以让你的肩膀所在直线和
目标线保持平行。

A 挥杆

"站姿和手臂位置" 知识点

- 从髋关节起下弯身体。

- 肩胛骨下压，胸骨抬高。

- 让手臂保持放松状态。

身体并行线

正如前文所说，瞄球时身姿和球杆的稳定与精准是一个很大的挑战。因为你是站在球的旁边，不像射箭或开枪那样直接身处目标线上。稳定瞄球的关键在于：**首先杆面要和目标平行对齐，接着身体与杆面所指方向的延伸线平行，位于其左侧**。有一个经典说法，想象一下自己身处一条火车轨道上，杆面在一边的铁轨上，身体则站在另一边铁轨上。

如果你能想象出这个场景，从脚往上身体各部位（膝盖、髋部、肩膀甚至眼睛）都互相配合，让自己的身体站到目标线的左平行线上，那你就已经完成身体并行这一步了。

杆面朝向目标，放在一边的铁轨上——身体与另一边铁轨平行。

A 挥杆推荐封闭式站姿。

　　即便已经说了许多要点，我还是想让各位再稍微做一点调整。在逐渐发展 A 挥杆的过程中，我发现将左右并排的脚尖调整前后两三英寸的距离，让身体闭合（仅仅是脚），与目标线稍微近一点会带来莫大的好处。这里也不得不提一下，在所有组成身体并行线的因素中，脚对挥杆的影响最小。很多球技精湛的球手都运用这种站姿，包括本·霍根、山姆·史尼德（Sam Snead）和鲍比·琼斯（Bobby Jones）。我在下面的章节里会解释封闭式站姿的好处，但与此同时，这里先为大家说明该如何进行：一旦站直，身体（包括脚）在目标飞球线的左平行线上，把右脚往和目标线相反的方向移动，让左脚上前靠近目标线，从而使得右脚尖和左脚最前面鞋带差不多在同一直线上。永远记得要先让身体与飞球线形成直角，再做封闭式站姿，其他身体并行线的因素（膝盖、髋部、肩膀和眼睛）则务必保持不动。

A 挥杆

"身体并行线"知识点

- 首先，杆面和目标对齐。

- 身体（眼睛、肩部、髋部和膝盖）与目标飞球线平行，且处于其左边的平行线上。

- 调整脚的位置，让两脚尖形成的直线稍微倾向目标线右方。

球的位置

大家对于击球前球应该放在哪个位置，有各种不同的理论观点。之前有个理论称，用1号木杆击球时，球的位置要和左脚跟对齐，并且所用的球杆越短，球的位置就要越往后靠。另一个理论是说无论用什么球杆，把球放在离左脚尖较近的位置上，并且用的球杆越短，双脚之间的距离就要越短。

用铁杆击球，球的位置接近所站位置的中线，让球杆能向下击球。

用1号木杆击球时，球的位置从中线起偏向前方，让球杆能向上扫球。

用铁木杆和球道用木杆击球时，球的位置放在前面两个位置之间即可。

我发现与 A 挥杆相配合时，把球放在上页图不管哪个位置上，都能达到最好的效果。用铁杆击球，你的目标是在下杆时利用下降的杆面扣角击球，杆头可以削去球前面的草皮。为了实现这个目标，你得把球放在所站位置的中线上，或者稍微比中线靠前一点（用较短的铁杆击球时，要缩短两脚的距离）。用 1 号木杆击球时，你的目标是在杆头经过挥杆弧线底部时，击球角度稍微向上，把球挥扫出球座。为了达到这个目标，就得把球放得偏向前脚。最后，用球道用木杆和铁木杆击球时，球要放在靠近挥杆弧线底部的地方。杆头和球之间的角度不能太大，也不能太小。不过，很多擅用球道用木杆的球手击球后都会削去一点草皮。此时球的位置要放在"1 号木杆位置"和"铁杆位置"中间（即左脚跟和身体中线之间）。

练习时你可以通过以下方式确保球的位置正确：把两根调整杆（参考本书后面关于"A 挥杆配套训练器材"的相关内容）或高尔夫球杆的杆身放到地面上来练习。其中，一根球杆和目标飞球线平行，另一根则放在两脚之间并和目标飞球线垂直（以方便确认球的位置）。只要你定期检查，就会使得起始站姿在水平面上很容易保持恰当稳定。最后，随着球杆越来越短，两脚距离越来越近，只需要不断重复练习实践。身体的宽度也需要你去认真感觉：保持绝对平衡，考虑风的影响、球位角度等。总的来说，用 1 号木杆击球时，身体要相对宽些。因为在用力击球时需要保持良好的平衡，下半身在此时发挥的作用也更大。但是，当你用较短的铁杆击球时，身体的宽度就要相对小一点。

A 挥杆

"球的位置"知识点

- 把球放在以下三个位置之一：用铁杆击球把球放在身体中线上；用1号木杆击球把球放在偏向前脚位置；用球道用木杆和铁木杆击球把球放在前面两个点之间。

- 用并行线调整杆来确定球在你身体附近的位置。

关于"A 挥杆的基础要素"的总结

　　你也许会觉得把时间花在夯实基础上面很无聊，但其对下一秒真正挥杆十分重要，它是一连串动作的开始。巡回赛职业球手也会时不时回顾检查一下自己的基础，因为他们知道，就算只是一点小改变也会给挥杆造成很大的问题。也正是这些基础构成了比赛中连贯挥杆的前提，是完美挥杆体系中最容易的一部分，因为开始挥杆前这些都必须已经准备妥当。其实，你只需要稍加训练就能打好这些基础。对此我的建议就是定期通过镜子检查动作。相信我，如果你摒弃杂念而专注于此，你一定能够做得越来越好。旁人只要看球手击球前的姿势，就大概知道其水平如何了。由此，这些基础要素构成了"7 分钟练习计划"的第一项训练内容。

身体的轴心运动是高尔夫挥杆的命脉，它既是挥杆运动的核心，也是其力量之源。为了更好理解挥杆动作并使击球更有力，我们必须知道身体轴心运动的原理——身体在上杆时如何收紧、蓄力，在下杆时怎样把力量释放出来。身体产生能量后，就会把力量按顺序传至手臂、手、球杆，最终到达球上。因此，要想学会 A 挥杆，掌握身体的轴心运动至关重要。

第4章

A 挥杆的轴心运动

常见错误

髋部和肩膀转动
过度是回旋不当
的表现之一。

1. **上杆时回旋幅度不够或没有回旋。**上杆时，如果你没有收紧背部的大肌肉群来抵掉下半身的一些抗阻力，就会导致回旋幅度不够甚至没有回旋，致使手臂和上半身在下杆时过度用力，进而影响击球的距离和精确性。但当球手过于注重"转动"这个动作的时候，他们髋部和肩膀的转动幅度都会很大。事实上，却没有做到回旋。回旋可比单纯的转动重要多了！转动幅度大并不一定会产生有效的回旋。球手在击球时，上杆时的回旋动作十分到位的话，下杆动作就会循序渐进地进行。此过程中他们的下半身起主导作用，上半身则随之运动。

脊柱角度的
改变会影响
连贯性。

2. **挥杆时脊柱角度改变**。上杆和下杆过程中，当球手在转动身体时，脊柱角度的任何明显改变都会让击球出现问题（包括头部晃动过多，从肉眼就看得出来）。出现这种错误有好几个原因，首先是瞄球姿势不正确。而挥杆时抬高或降低脊柱则会导致身姿不平衡、手和手臂过度用力以及整体动作的不连贯。因此，要想实现可重复的挥杆动作，就得让脊柱在击球前向前弯曲，并一直保持到球击出去那一瞬间——这是运用铁杆击球时的要点（1号木杆与此略微不同，在后面会有讨论）。

上杆和下杆时身体晃动。

3. **身体重心转换不当**。说到身体重心转换不当，第一个问题便是球手在上杆时身体往与目标相反的方向转动，接下来下杆时又朝目标方向转动。第二个则是球手做了"反轴心运动"。正确的轴心运动重心本应先转到右边，再转移至左边。而"反轴心运动"的转换顺序则与之相反。由于身体来回晃动，球手在挥杆时重心的横向位移过多。他们要么在上杆时把身体重心移到了后脚脚跟外侧，要么在下杆时身体往侧前方移动过度——有时候，这两种错误他们都会犯。说白了，身体躯干的旋转运动若是不够，重心就不会绕着环形转换，反而是按线形转换。还有一点，身体的摇摆通常会伴着头部的过多晃动，这样会使有力击球变得更难。

"反轴心运动"——上杆时重心在左，下杆时重心右移。

　　球手做"反轴心运动"时，当挥杆到达顶端，他们身体的左侧仍留有大部分重量。接着，由于反作用，这些重量在下杆时转到了身体右侧。出现这个问题通常是因为球手太过追求头部保持不动或一直低着。虽然这个常见的建议在过去几十年来一直备受推崇，但事实上，头部保持不动或一直低着会让身体的重心无法适当、自如地转换。重心的正确转换更为重要，特别是击球距离较长时，可以产生动力和能量。

下半身不稳的例子——右腿僵直，左腿和左膝盖过于灵活。

4. **下半身不稳**。出现这个问题，要么是因为脚掌和脚踝移动太过频繁，要么是因为下半身过度弯曲或直立，不然则是因为膝关节在上杆或下杆时的不稳定。站立如果不稳定，就很难连续地打出好球来。稳固的双脚和下半身为平衡、力量和控制力提供良好的基础。

学习轴心运动

为了让 A 挥杆中相应的轴心运动更清晰易懂，我打算将它分成三个部分来讲解。第一部分是上杆动作，第二部分是上杆到下杆动作的转换，第三部分是下杆动作、送球动作和结束动作。一旦你分别学会并积极练习每一部分，就能流畅自如地把这些动作整体融合到一起。

首先调整站姿，像专业球手那样站立（可参考前面的章节）。接着环抱住自己，即双臂交叉在腰部或躯干核心部位上（这项训练不需要球杆）。此时，两手手掌须碰到身体对侧。正如我在上一个章节中简要提到的，你要保证自己脚位闭合，双脚之间的距离差不多与肩宽相同，并与右侧的假想目标飞球线平行。之后，右脚稍往后移，让右脚尖与左鞋鞋带顶端对齐，这一点对轴心运动大有益处：首先，这个姿势使右臀放松，让其可以在身后自如移动，因此在上杆时肌肉可以完全收紧；其次，当你开始下杆时，这个姿势可以让髋部轻轻往目标右方移动（这一点在重心转换过程中尤为关键，与常见错误"外旋"，即髋部过早往目标方向移动完全相反）。一旦你双脚位置正确，就可以开始下一步——"通过三步学习轴心运动"了。

从这个姿势开始轴心运动的训练。

轴心运动第一部分

从腹部开始轴心运动。

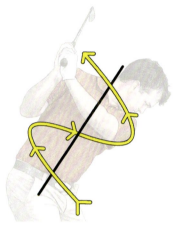

脊柱的螺旋式扭转。

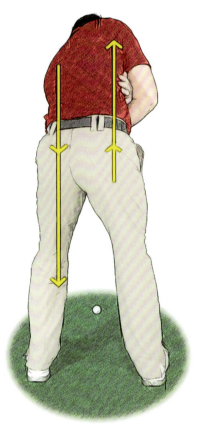

身体右半部分向上伸展，左半部分
向下伸展——"螺旋式旋转"。

　　我想在此强调一下轴心运动最开始的这一部分。主要得通过腹部的核心肌群开始整个运动，
击球时把手放在上腹部就能体会到这种感觉。不单是靠髋部在转动，腹部的运动也很重要，它
能让你一开始就产生更多回旋。上杆时最主要的动作是从身体核心部位开始的。当脊椎扭转时，
能量在身体躯干里盘旋上升，就像拧干湿毛巾那样。与此同时得让左肩下沉，右肩上抬。而为
配合肩部的运动，右臀需向上移，左臀下移。整个动作过程中右半身被拉伸上展，左半身收紧

向下的姿势能让肩膀找到"对的感觉"，也会让你在完成上杆时保持下半身稳定，并使得后背大肌肉群的回旋程度最大化。

虽然挥杆时大家都会做出一个明显的"转动"动作，但请记得把这个动作更多地想成是一种回旋、盘旋或螺旋式的过程，而不单纯是一种转动。这类词相比转动有着更有力的引申含义。记住一句话，你可以在不回旋的情况下进行转动，但你不能在不转动的情况下进行回旋。以下是轴心运动第一部分的步骤：

- 从腹部或核心部位开始轴心运动。

- 左肩、左臀下沉，右肩、右臀上抬，左膝内弯。

- 收紧胸部和右腿根的后侧肌肉。

- 右脚跟、膝盖和股四头肌能感觉到压力。

- 身体完全收紧，使得右半身向上伸展，左半部分向下伸展——"螺旋式旋转"。

- 双脚像被钉在地上一样，提供躯干以稳定的支撑。

- 保持头部相对居中且静止（下巴可以转动）。

- 保持上半身的收紧程度和转动程度是下半身的两倍。比如说，当髋部转动大约45度时，肩膀必须转动大约90度（收紧程度和转动程度因个人灵活度而异）。

上背部倾斜于
上半身垂直线
之外。

　　当你完成轴心运动第一部分的动作后，可以对照镜子进行以下检查：为了让右半身承受住身体完全转动带来的压力，你的上背部必须得倾斜于上半身垂直线之外。球杆越长时，你越得注意这一点。

　　轴心运动的第一部分是关于身体部位的启发运动。肩膀和髋部当然得转动，但实际上，身体内部的运动（即核心肌群）才是正确开始轴心运动的关键。而轴心运动的第二、三部分是接着第一部分进行的。所以说，正确开始轴心运动的第一部分十分重要。把第一部分做好，接下来的部分自然而然就能循序渐进地进行下去。

轴心运动第二部分

优秀球手们在上杆到下杆之间都会展现流畅的转换过程。特别是以慢动作回放观察时，那些转换动作恰到好处，对击好球至关重要，有着绝佳的动态参考价值。**在转换的那一瞬间，你的身体实际上是在往两个方向移动：下半身（髋部和膝盖）往目标方向移动，上半身（胸部和肩膀）、手臂和球杆则依旧往后。**因而很多挥杆不错的球手在这一瞬间看起来好像全身静止了。这种"方向上的变换"极其有力，能大幅度增强身体的扭转力。正如在轴心运动第一部分所阐述的，肩膀的转动幅度是髋部的两倍——比如肩部90度对髋部45度，转动程度相差45度。如果上下杆的转换呈动态变化，那么肩膀和髋部的转动幅度差其实可以更大，也许又多了15度或20度，大概有60度的差距，因为这种"方向上的变换"真的可以产生巨大的力量！如果你能做到下半身往目标方向移动，上半身却仍旧往后运动，那你肯定会惊讶于自己击球时所牵动的力量。当然，这整个动作都必须得连贯顺畅，这一点正是动作同步的关键，所以千万别心急！就好比棒球比赛的击球手在击球前下半身踏进球场，上半身却还在蓄力收紧，球棒挥向身后进行蓄力的状态。你也可以这么想象：这个动作就像让橡皮圈在猛然弹回前额外积聚更多力量。

这幅图展示了肩膀和髋部的转动幅度相差45度。

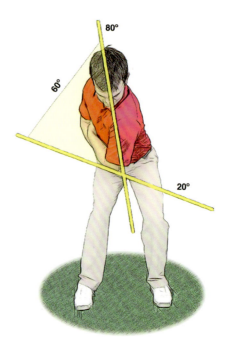

当下半身已经开始下杆动作而上半身依旧在完成上杆动作时，肩膀和髋部的转动幅度相差60度（而不是45度）。这种"方向上的变换"极其有力。（注意：在上文所举的例子中，90度到80度的变化会使得肩膀的收紧程度稍有下降。）

要想使得这个动态的转换动作协调起来，需要一定的耐心和大量练习，你可以通过定期做轴心运动的训练来掌握。刚开始学的时候，当球杆挥到顶端（上杆结束并开始下杆）时你应该停下来，然后再开始进行前面的训练。练习到后期阶段你可以将上杆和下杆结合在一起。这样分开练习，你身体的一部分会先开始下杆动作，剩下一部分则依旧在向后运动。如果你灵活性不够好，不能让肩膀和髋部的回旋幅度差别拉大，那也没有关系——只需在每次方向发生变换时尽量扩大幅度差就好。这一点便是上下杆动作转换的关键所在。

下面是轴心运动第二部分的顺序：

- 球杆到达顶端时，身体回旋、收紧，右脚跟感受到压力。（当你开始连续地做轴心运动这三部分的动作时，下半身向前转动，你的上半身还是处于收紧和旋转的状态。）

- 以下半身开启动作，让左臀往侧前方、目标方向的右侧移动。

- 髋部和肩膀朝向右侧时，应感受到背部正对目标。

- 左脚前侧和内侧渐渐感受到压力，重心从右腿转移到左腿时右脚跟同时应保留部分压力。用术语来讲的话叫作"触地"，因为你的右脚此时仍平踏在地面上。

- 身体重心往左边转移，脊柱和头部也稍往目标方向移动。

- 身体的左半部分（从肩膀到膝盖）都低下来，感觉好像被压缩了一样。

坚持练习第二部分，并记住这一部分是一个用时很短的转换动作，它的关键在于训练时注意感受右脚跟和左脚前侧的压力。

轴心运动第三部分

轴心运动的第三部分是身体的力量如何朝着目标方向进行完全释放的过程，这就是一瞬间的事。因而，先练习好上下杆转换部分（轴心运动的第二部分），再继续按着下面的指导来：

■ 不要让髋部做多余动作，把左脚前侧的压力转到脚跟。

■ 右脚向内侧翻，让压力转移到脚的前侧和内侧。

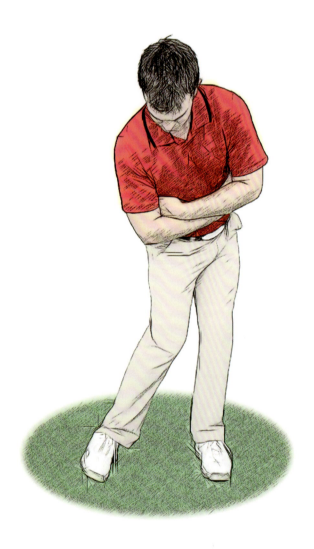

左腿挺直，左半身
向上伸展。

■ 左腿挺直，左半身（骨盆、髋部和肩膀）稳定地向上伸展。与上杆时的动作相反。

脊柱角度在击球时
要保持不变；当右
肩向下、向前移动
时，髋部和肩膀保
持张开和放松。

■ 除了要让击球前所形成的脊柱角度保持不变，你还得在右肩向下、向前移动时，持续
打开髋部并放松左肩，不要让它们阻碍到右肩的运动。此时，右半身真正参与到了轴
心运动中。在击球区域，髋部（以最大的程度）和肩膀转向目标方向左侧，或者朝目
标方向打开。而后形成直角站姿（侧立击球站姿）时让这些部位一起用力送出球杆。

完整、良好平衡的
轴心运动

■ 身体完全展开。此时，整个身体属右肩离目标最近。

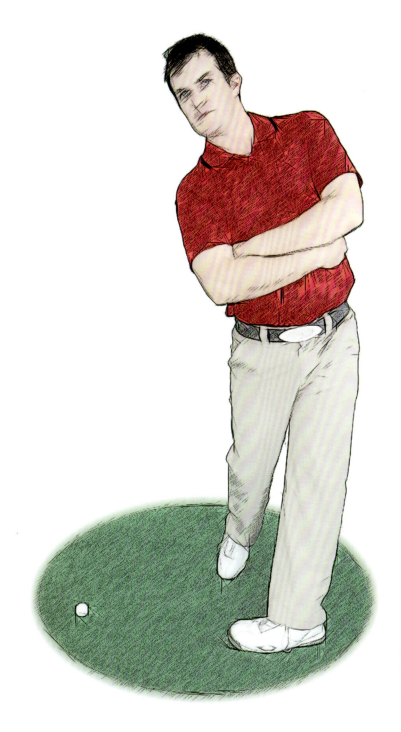

结束动作让你觉得
自己似乎正在走向
目标。

■ 动作结束后，请保持住平衡，身体挺直且靠膝盖受力，右脚尖踮地，髋部完全转过来。做这个动作时，你得有这种感觉：好像无须花费过多力气，便能从这个姿势开始向前走近目标。

完整的轴心运动

　　将轴心运动分成三个部分加以练习，再辅以图片，能让你快速找到感觉并熟练掌握。一旦觉得做每个部分的动作都舒服自然了，便可以把它们结合成一套连续、流畅的动作再不断进行练习，直到感觉游刃有余。（建议：练习时把眼睛闭起来能让你学得更快。）没有手臂、球杆和球的多余干扰，轴心运动显得尤为简单。当别人观察你的轴心运动时，应该看到你在上杆回旋时动作循序渐进，在下杆时不受手臂和球杆干扰，动作结束时整个身体保持良好的平衡。而所有这些动作，都能让你的挥杆利落漂亮。

　　对于身体固有限制如何影响做轴心运动，我前面已经提到了一些。然而，Ａ挥杆即使在轴心运动并不完美的情况下，也能发挥出最大效用。我希望你不要担心自己不够强壮或者不够灵活，没法学好Ａ挥杆（第7章的相关练习还是可以让你在这些方面有所提高）。Ａ挥杆是为不同体能的人所设计的，具有极强的包容性。它并不要求你的动作幅度有多大，只要求你的动作平衡、回旋力强、有节奏。

　　常有人问我，在上杆部分的轴心运动过程中，左脚跟是否可以离地。按理说是不能离地的，这样可以让你再少一个分散注意力的动作。不过，如果你实在灵活性不够，或者觉得自己身体没法产生足够的力量传到球杆上进行精准击球，从而也导致击球距离不够远，那你可以这么做：

上杆时左脚跟稍微离地，左膝保持稳定（不然你可能会整体不平衡）。这样，你的下半身就可以在上半身转动时仍产生对抗的抗阻力。当你下杆时，让左脚跟转动换个位置，使得压力在重回脚跟前聚到左脚前侧。这样可以产生更多的力量使杆头移动更远。

　　轴心运动是高尔夫挥杆的基础，当把它和下章的内容结合起来时，你会惊讶地发现，击出有力的好球完全不需要大费周章。学习轴心运动还有一个好处，那就是随着时间的推移，你的灵活性、旋转速度和耐力都会自然而然得到提升。可以这么说，轴心运动本身就是一个独立训练项目。事实上，它也是第 7 章的训练计划中 6 个练习项目之一。

轴心运动给球手带来的感觉

前面我花了很多篇章描述如何正确完成轴心运动，但经验告诉我，球手并不需要花很多时间就可以很好地掌握身体运动的技巧。为了更好地保持住轴心运动带给球手的感觉，我给出以下一些有关生物力学的图片和训练方式。

在轴心运动中，髋部按"8"字形来回移动。压力通过右脚跟转移到地面，再转到左脚前侧，最终到达左脚跟。

■ 为了把这三个部分的动作连接起来，你的髋部要按"8"字形移动。在轴心运动的上杆过程中，右臀上翘到身体后方；上杆开始向下杆转换时，左臀移到目标方向的右侧；下杆时左臀上翘，移到目标左方。接着右臀跟上转向左侧，动作完成。结合这张图，你要在上杆时将压力通过右脚跟转移到地面，在上杆到下杆的转换过程中再将压力转到左脚前侧，最终到达左脚跟附近。

J.J.里韦特在很多年前发现了这个运动模式，它是高尔夫球挥杆过程中稳定性和有力性的关键因素。他称其为"脚部运动产生的根基"。今天，很多高尔夫球老师在教学时为了让学生下半身的运动准确得当，都会把这一内容当成一个教学重点介绍。

为了感受轴心运动上杆的过程，让手臂随着身体动作在你的大腿上下移动，像活塞那样。

■ 为了清楚地知道轴心运动上杆过程中肩膀如何得当运动，右半身如何向上伸展以及身体核心部位如何"螺旋式盘升"，你可以做一下这个小练习：准备击球站姿，让手臂下垂，双手放到大腿两侧。右手放得比左手低一些，这样脊柱才能像击球前那样往右边倾斜。此时，膝盖和双脚保持稳定，左手在左腿上下移时，右手则在右腿上上移，两手像活塞那样上下移动。慢慢地，随着左半身向下倾斜，右半身向上伸展，就能感觉到一股回旋和盘旋的感觉从你的上腹部出发，在身体里呈螺旋式上升。这一姿势正好说明你体内的核心肌群运作得当。当你觉得胸部和上背部开始扩张、左膝比右膝低、左臀比右臀低、左肩也相对比右肩低时，便可以结束动作，开始击球。这个练习内容可以让你在动作结束前，即在下杆过程中身体展开、"非盘旋"时，本能地做出相似的（相匹配的）动作。

■ 骨盆活动可以让脊柱角度（前弯程度）在击球前持续变大。为了感受如何稳定骨盆，你可以用髋部顶着墙做轴心运动的对应训练内容：向后做轴心运动的回转，当你在（上杆到下杆的）转换阶段时靠左臀牵引，让右臀在墙上滑几英寸，转过来后使得右腿在左腿之后。此时，你会感到自己的右脚跟有些许压力，而大部分压力则到达了左脚前侧。当你继续做下杆动作及轴心运动的顺势动作时，转动一下你的身体。这时，让左臀靠墙，压力也就慢慢到达你的左脚跟。这部分训练内容可以让你感受到轴心运动的动态过程。

A 挥杆

"轴心运动" 知识点

- 由核心肌群开启上杆动作——在"螺旋式盘升"的过程中左肩下沉，右肩上抬。右脚跟感受到压力。

- 压力在上杆到下杆的转换过程中转移到左脚前侧。

- 确保身体背对目标。髋部侧向移动到目标稍偏右方。

- 以左腿为支点，展开身体。左脚跟感受到压力。

- 整个轴心运动就是"盘旋""滑动""释放"的过程。

- 上杆时右半身向上伸展，下杆及动作结束前换为左半身向上伸展。

- 分开学习每一部分的动作，最后把这些动作连成一套强而有力的轴心运动。

关于"A挥杆的轴心运动"的总结

当你真正挥杆时，最终配合的身体轴心运动不管是看起来还是感觉起来，都必须像本章中的训练内容那样。**轴心运动是挥杆过程的主导。**如果手臂和手成了控制因素，那轴心运动不管是看起来还是感觉起来，都会与本书的训练内容大相径庭。**请记住，手臂、手和球杆对轴心运动只是起到完善作用，它们绝不能控制轴心运动。**轴心运动不只是让挥杆更加有力，它还能控制挥杆的速度和节奏。以身体躯干的运动来控制手臂和球杆的速度有助于提升挥杆的连贯性和可重复性，这也就是"**挥杆时要动用身体的大肌肉群**"的具体表现。

现在，你应该对第 4 章所描述的轴心运动有较深的理解了。在学习挥杆之前，明白你的身体该如何运动十分必要。然而，我前面所总结的轴心运动并无多少突破性意义。因为高尔夫球教练、生物力学家和生理学家早已对此达成共识：要想挥杆顺利，身体基本上就应该按这个方式动作。一直以来，我都坚信先练好轴心运动，再把它和球杆的挥动结合起来，就能取得佳绩。当然，这一点也适用于 A 挥杆的学习。同时我还发现，先分开学习各个部分，再把它们结合成一套连贯高效的动作，比一起学习所有动作简单得多。

第 5 章

A 挥杆中手臂和球杆的运动

通常而言，高尔夫球手在没有球的情况下很快就能抓住轴心运动的精髓——身体根据要求自然转动。但一旦到了真正要击球的时刻，这些球手就很难正确做好轴心运动。原因就是挥杆方式效率低下。挥杆时，身体必须对手臂和球杆的多余动作做出反应和弥补，而不应只把注意力放在"正确转动"这件事情上，否则就导致球手在有无球杆的情况下表现大不相同。这也是为什么会在业余球手身上看到那么多错误的轴心运动。同时，这一点也会导致球手动作不同步。既然手和手臂的不正确运动会对身体的轴心运动造成阻碍，那你的目标便是尽可能让手臂和球杆的动作变得有效、简单、可重复，从而让身体可以按着既有的顺序扭转。而 A 挥杆就可以帮助实现这个目标，让你以一种更为简单的手臂和球杆的运动方式配合轴心运动完成高尔夫挥杆。在这一章对于 A 挥杆的讲解都是以铁杆为前提。用铁杆击球入洞，难度会有所增加。然而，不管你用的是什么球杆，手臂和球杆在挥杆时的运动都必须一致，特别是在上杆的时候。比如我们用 1 号木杆击球时，如果手臂和球杆的运动到位，加之合适的球杆长度、正确的瞄球姿势和球位，就能轻松推球入洞。因此，学好用铁杆击球时的挥杆动作，就能"走遍天下都不怕"！

常见错误

向内的平挥杆。

1. 向后上杆时向内横向移动。

手臂和身体动作不协调。

2. 手臂独立于身体挥动。

上杆至顶端时，球杆正指右方，球手重心不稳。

3. 上杆至顶端时，球杆位置超过身体中线过多。

上杆至顶端时，球杆位置不正。

4. 上杆至顶端时，杆身指向目标左方（位置不正）。

上杆动作持续过久。

5. 上杆顶端过度。

下杆时，球杆向下挥动过于提前和急促——高差点球手的典型问题。

6. 下杆时太急促，使得挥杆路径由外向内。

非传统挥杆：精准实用的 A 挥杆技术

下杆太晚，导致球杆从内向外击球——低差点球手的典型问题。

7. 下杆至一半才用力击出，挥动范围太小，挥杆路径偏向由内到外。

击球瞬间，杆头带着手运动——弱式铲击球^①的动作。

8. 击球前太早释放手和球杆——没有蓄力，提前释放。

---

① 铲击球在高尔夫运动中指的是一种不正确的挥杆方法，即在此过程中球杆有挖坑或捞球的动作。——译者注

为了使杆头面正对目标击球，手和前臂出现翻转。

9. 为了在击球时让杆头面正对目标，球杆、手、前臂和手腕都转得太过。

挥杆半径出现问题。

10. 击球时左臂出位（鸡翅膀）。

下杆到一半杆面处于开放位   下杆到一半杆面处于闭合位

11. 下杆到一半时杆面位置控制不当，导致击球时杆头面难以正对目标。

我上面提到的大部分错误都更偏向"后果"而不是"原因"，而"改正后果"不过是永无止境的徒劳挣扎。不过，掌握了 A 挥杆，上面提及的很多问题便可迎刃而解。它有效甚至高效地简化了手臂和球杆的挥杆路径，让轴心运动得以更好地进行。同时，当有问题出现时，它能让解决方案变得更加简单。这就是为什么比起其他一般的挥杆方式，A 挥杆会显得更有吸引力。总之，A 挥杆可以有效解决问题并节约大量时间！

上杆时"动作不同步"

身体轴心运动太早完成——手臂和球杆的动　　手臂和球杆已移动到顶端——轴心运动尚未
作尚未完成　　　　　　　　　　　　　　　完成

　　要想使轴心运动和手臂的挥杆一直同步完成，球杆就必须尽可能经过最短、最直接的路径到达上杆顶端，这样才能让球杆在到达顶端时，轴心运动也恰好同时完成。换句话说，就是两个因素几乎同时达成。动作同步的相关问题表现在，上杆时，当身体躯干（肩膀和髋部）完成动作，而手臂和球杆尚未到达顶端；或者反过来，手臂和球杆已经到达顶端，轴心运动却尚未完成。这两种情况都会导致挥杆时"动作不同步"。然而，在 A 挥杆中，由于手臂和球杆的挥杆动作不那么复杂，所以能大大减少动作不同步相关问题的发生概率。生物力学专家 J. J. 里韦特对 A 挥杆做过测试，他认定从准备击球到达到上杆顶端这个过程，6 号铁杆杆底经过的平均路径只有 30 英寸，这比传统上杆中同样的铁杆杆底所经过的路径少了 6 英寸。A 挥杆所经过的路径比其短了将近 20%，这说明它非常高效，能让手臂和轴心运动在上杆时动作更容易同步，从而使得这两个因素在下杆时也相应更易同步。

身体的旋转与手臂、球杆挥杆到达顶端同时完成，手臂的挥杆路径较短，却依旧是"全挥杆"。

＊虽然在 A 挥杆中，手臂的挥杆路径更短，但在多数情况下，球杆的挥动看起来依旧像是"全挥杆"，特别是当球杆较长的时候。正是收放自如的手腕和轴心运动的结合，才让球手做出这种"全挥杆"。

上杆至顶端时球杆所经过的路径直接影响击球结果，是挥杆整体动作成功同步化的关键，而省去多余动作则是 A 挥杆的一大特点。优秀球手即使手臂和球杆到达上杆顶端前的路径长于所需长度，通常还是能掌控自己的挥杆节奏。他们能在下杆时通过各种方式对各部位的动作加以修正，从而实现动作同步。然而，大部分球手都陷在"上杆时身体和手臂挥杆如何协调"的泥潭里进退两难，因此无法在下杆时达成动作同步。经过测试，我们发现即使是动作难以稳定连贯的球手，也觉得采用 A 挥杆的上杆方式实现整体动作同步要容易得多。

关于 A 挥杆上杆方式的效率，我喜欢做以下的比喻：它就好比你直接坐飞机从纽约飞到迈阿密；而不是先去芝加哥，再转机到迈阿密。这两条路线都能让你最终到达迈阿密，但后一条花费的时间更多，所要经过的路程也更长。换言之，后一条路线非常低效，你本不必先飞去芝加哥，为什么一定要这么走呢？ A 挥杆也是这么一个道理：毋庸置疑，如果你的手臂挥动快速而直接，那犯错的概率（时间）就更少，你的身体和手臂挥杆会更好地实现动作同步。

为了便于读者学习，我把"手臂和球杆的运动"这一章的内容分成"上杆"和"下杆"两个部分，但它们最终还是要结合成一套流畅的动作。上杆做得好，下杆也就完成得更出色，它们是一串连锁反应。另外，由于 A 挥杆更多以上杆为基础，因此我会用大量细节描述如何正确上杆。下杆则将变成是对上杆的一种反应，它利用重力和离心力来击球，属于反射性的动作，不需要球手过多思考。最后，请大家跟着接下来的动作解释步骤，一步一个脚印去掌握，迈向成功！

上杆

用腹部 / 核心部位的力量开始上杆。

■　刚开始上杆时重心要稳定，利用"祈祷式握杆法"，当左手和前臂在目标线内将球杆稍往上推时，想象你的腹部 / 核心部位（就像开始轴心运动那样）离开了目标。此时，左手和左臂还是保持"杯弧状"，就像开始击球前那样。

杆头在外道，手在内道，它们各自在挥动轨迹上移动——杆面正对着球。

■ 左臂内移，直到绕过胸部下方一圈。杆头在手外面的轨道移动（不能越过目标线），这种感觉必须持续至上杆顶端。这里所说的"杆头必须在手外面的轨道移动"是指什么？我们可以先把移动路径画出来。此时可以看到，手按着里面的小圈运动，而杆头则按着外面的大圈运动。换句话说，其实就是手在里圈移动，杆头在外圈移动。而球手的目标便是在上杆至顶端之前，让手和杆头在各自的轨道上移动。因此，A 挥杆会让球杆在向后挥杆时杆身保持独特、陡直的上升平面！

右臂在左臂上方，前臂和球杆不能翻转。

■　上杆至顶端这段过程要保证右臂在左臂上方，前臂不翻转，球杆在目标线内。

球杆到达上杆顶端前，杆面保持不偏不倚、正对目标。

■ 在练习上杆初期，你无须花太多心思在杆头调整上面，只需尽可能让杆头面正对着球。如果能顺利掌握"祈祷式握杆法"，手和球杆挥动在各自的轨道上，即使一开始杆头面过于朝内，也会在挥杆到达顶端前回到恰当的位置。

上杆至 1/3 时，回转手腕蓄力。

■ 当你上杆至 1/3 时，开始回转手腕蓄力，特别是右手腕（"祈祷式握杆法"能实现这一
动作）。回转右手腕后，右手掌应该是对着地面方向。请记得依旧保持杆头在手的外圈
轨道上移动！为了保证手腕蓄力得当，你可以检查自己的握杆方式是否保持祈祷式（手
腕背面呈杯弧状）。

上杆至 1/3 时，杆身与脊柱角度基本一致，左臂已在胸前扫过一圈。

    上杆至 1/3 时，杆身必须和身体有一定距离且和脊柱角度基本平行，左臂已在胸前扫过一圈。此时杆身的位置和传统上杆方式中的位置大不相同。传统上杆方式中，杆身偏向于相反的方向。杆身角度也是 A 挥杆的根基。而这一不同点恰是缩短球杆路

上杆到一半时，传统上杆中杆身角度与 A 挥杆的角度大不相同。

径、让动作紧凑的关键。上杆时杆身角度大于 90 度能让球杆在下杆时以适当的平面下挥，这是挥杆中最重要的一个平面，也是大部分球手都觉得困难的一个点。

用 Ａ 挥杆上杆至顶端时，动作紧凑而有力。右上臂内侧的二头肌和胸部之间有相互压迫的感觉。

左臂在肩膀移动的平面下，球杆指向目标方向稍微偏右。

■ 在上杆至顶端的过程中，让左臂和胸部保持接触。上杆至顶端时，左臂在肩膀挥动的平面下，球杆指向目标右方（这个方向是动作自然所向），此时的"祈祷式握杆法"可保证杆头面正对目标方向，不偏不倚。这时，全身保持自然放松，左臂带动球杆以正确的方式下移，在下杆过程中不刻意挺直或伸展，保持放松和自然，从而在击球瞬间得以伸直，爆发力量。上杆至顶端时，必须感觉到胸部和右上臂内侧的二头肌之间有相互压迫的感觉。这种接触使手臂的挥杆路径短而有力，同时使得回旋最大化。

以上介绍的上杆方式无疑是对传统方式的一种改变，不过也正是这种革新的上杆方式能让球杆更容易、更高效地到达顶端，从而使得同样重要的下杆操作起来变得更加容易。你可能会这么觉得，哇，这种方式确实很特别，但它的核心概念不过是我这些年来所想、所教内容的改革和延伸。比方说，我一直都坚信开始上杆时，杆头和手要在不同的"轨道"上各自移动（杆头朝内移动是球手最常犯的错误之一）。同时，上杆平面比下杆平面要陡一些（A挥杆更是"陡得异常明显"）。我还一直教授学生全力回转躯干和缩短手臂挥杆路径，比如如何让挥杆动作更紧凑。当然，挥杆动作同步即身体控制手臂也是我一直提倡的理念。所以，我并不觉得这种上杆方式在本质上有任何改变。上杆至顶端这个过程中，改变的只是球杆本身转动的减少以及让杆头和手在不同"轨道"上运动的感觉，但这就是你缩短挥杆路径、简化动作的方式，也是你去迈阿密的直接路线！我所阐述的上杆方式看起来或感觉起来都与传统方式有一定的差别，特别是在慢动作回放的时候。然而，用正常速度观看的时候，球杆只在上杆初期比传统方式的稍微往上了一些。不过对于大众而言，从开始下杆到击球，用的就只是传统方式。接下来，再为大家讲述这种新的上杆方式帮助球手找到的击球感觉。

正确上杆带给球手的感觉

- 好的开始是成功的一半。刚开始挥杆时，你得静下心来，不要急着举起球杆，先把球杆推到目标线外，或者用手将其旋转至杆面开放。当你身体的核心部位远离目标而左手将球杆向回拉时，杆底得放低一些，杆头则需对准球。

- 手腕适当内外铰合、屈起。开始上杆时，两手保持一种互相作用的推拉感（左手推、右手拉）。这两股相反的力量能让手腕适当回转蓄力，而不需要再刻意发力。

- 为了让轴心运动来主导挥杆，握杆时就不能过于用力，手臂也必须放松。这样一来，挥杆的节奏就能被轴心运动的速度所控制。由于球杆经过的路径更短，到达顶端比传统方式要快，所以你得慢慢转动身体，让回旋最大化、挥杆动作同步配合上。那么现在起，慢慢享受身体转动的过程吧。

- 上杆时，杆头保持在手的外道上（手在内道，杆头在外道），迅速向内移动，同时左手跟上并横扫过胸前。此时，杆底指向右臀部位的口袋。

- 为了感受上杆时更陡直的平面，也为了防止杆头从内侧挥出去，你可以让身体靠着墙来练习上述动作。先让脚跟离墙约6英寸远。感受杆底重量并开始向上挥杆，小心别撞到墙。不过注意，这个训练方法只适合练习上杆。

上杆至顶端这个过程中保持两手的接触。

■ "手掌互推"是我最喜爱的感觉训练之一，它可以帮助你感受到上杆时旋转／回旋的感
  觉。首先，右手放在左手下面，两手掌对着不同的方向，手背相互接触。现在开始模
  仿上杆动作：先从核心部位开始上杆，同时让右半身舒展上拉。在上半身完成旋转动
  作的过程中，双手保持交叉，右臂高于左臂。上杆至顶端时，身体保持不动，感受一
  下这个回旋动作——身体绷紧，手臂放松。

上杆时，在右腋窝夹住一根棒子。这样可以确保你在上杆时正确转动上半身，而不是抬高手臂发力。

■ 把回旋飞镖（参见本书最后的"A挥杆配套训练器材"）或拿根截断的轻击棒紧紧夹在
你的右腋窝下。上杆时要注意别让它掉下来。当你挥杆至顶端时，右上臂的二头肌和
胸部之间有相互压迫的感觉。你将会真正感觉到挤压，而让腋窝夹住东西又使你的手
臂无法自由抬高。请记得不要为了不让东西掉下来，而让右手肘贴着身体，只需用上
臂压着胸部。

很多球手都觉得真正感受到正确位置比跟着详细的口头训练容易多了，所以这些感觉训练
可以加快你的学习进程，甚至可以加入高尔夫课程教学。

A 挥杆

"上杆"知识点

- 整个上杆过程中杆底向内，杆头朝外。

- 刚开始上杆时，杆头面正对着球。

- 挥杆时，左臂用力地横扫过胸部。

- 杆身平面大于 90 度。

- 右臂始终高于左臂。

- 上杆至 1/3 时，回转手腕蓄力。

- 上杆至顶端时，应感受到手臂挥杆路径较短，球杆指向目标右方。

- 右上臂内侧的二头肌和胸部之间有相互压迫的感觉。

- 手腕保持"杯弧状"——"祈祷式握杆法"。

- 放松左臂。上杆至顶端时，左臂低于肩膀高度。

上杆总结

请记住重要一点：上杆的动作设计是为了让同样重要的下杆动作更容易重复（下杆时身体起主导作用）。一开始你可能会觉得这些动作另类、不正统，但它们确实遵循身体的自然运动规律，而且很容易上手。在棒球运动中，击球手在投球手开始投球前，会先把球棍拿得比较直，他们觉得这样开始爆发力量会比较自然。当然，他们不会在等投球手投球时，就急忙先把球棒挥到与地面平行的角度。在身体释放力量的过程中，球棒从一个陡直的平面运动到一个平缓的面上——这一点也是高尔夫球挥杆的关键。

A 挥杆的上杆方式还有另外一个特点，那就是不用过度练习。即使你没有花百分之百的努力，球也会击得越来越好。只要稍微下点功夫，你的挥杆就会越来越高效，动作会逐渐同步，整个过程也会越来越连贯——说白了，只要肯练，你一定会打得愈加出色。

关于 A 挥杆上杆方式的常见问题

上杆时，垂直的挥杆平面能让球杆在顶端位置居中。

问：上杆时杆面不会太偏内吗？

答：一开始可能会这样，但由于上杆平面是垂直的，从而使得球杆在到达上杆顶端时位置居中。这一点至关重要。A 挥杆上杆时本质上杆身或杆面没有旋转，但其动作设计能让杆身和杆头在下杆时处在恰当的位置。

球杆上杆时平面陡直，下杆时平面平缓。

问：我觉得上杆到一半的杆身角度得和击球前的杆身角度在同一平面上，但在您介绍的挥杆方式中，这两种杆身是呈相对角度。这样不会太过陡直吗？

答：传统想法是击球前让球杆在上杆和下杆过程中处于相同的平面上。但这一点说着容易做着难。在我看来，多数情况下，这一点都会让击球入洞变得更加困难，特别是对普通球手而言。过去很多优秀的球手都不同程度地采用"从陡到平"的挥杆方式。杰克·尼克劳斯就曾在上杆到一半时让杆身基本处于垂直状态，在下杆时便自然而言将杆身平面变得平缓。约翰尼·米勒（Johnny Miller）是史上最棒的铁杆球手之一，他

也曾采用过类似的上杆方式。加拿大球手乔治·克努森（George Knudson）被认为是史上挥杆最棒的球手之一，也采用"从陡到平"的挥杆方式。卡尔文·皮特（Calvin Peete）是 20 世纪 80—90 年代的一名明星球手，因其"超陡直上杆"和完美的"平面下杆"而闻名高尔夫界。自 PGA 巡回赛进行相关数据记录开始，还没有人能比卡尔文·皮特击出更精确的球。他的开球准确率和标准杆上果岭率连续保持了近 10 年的纪录。相关测试显示，就算只是普通球手，A 挥杆也可以帮助将球杆移至适当的下杆平面。而所有优秀球手的共同特征便是下杆平面要比上杆平面平缓。

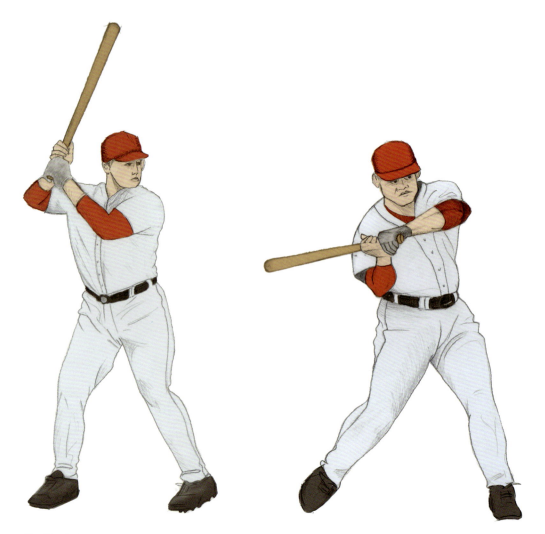

棒球运动中，当投球手投球时，击球手的杆身平面由陡变平。

　　A 挥杆和棒球运动中击球手的挥杆有着一定的联系。击球手在等投球手投球时，球棍极其垂直。他们的手臂放松且不僵硬，大多数情况下左臂微弯。投球手投出球时，击球手的下半身释放力量，身体做出相应的反应。当球飞来时，击球手的杆身角度慢慢变平，从而积聚力量。此时左臂自然伸直，球棒在双手之后，这样可以在与球接触时爆发超快的速度。接着，手臂伸展，动作结束。

图解\/平面

　　我把从上杆的陡直平面到下杆的平缓平面这一转换过程称为"\/平面"。如果你在上杆至一半到下杆至一半的时候对照着镜子，就会发现球杆杆身大致形成了字母"V"（\/）的两边，上杆过程中杆身的形状就像左半部分，而下杆过程中杆身的形状则像右半部分。

虽然这并不是一个完全对称的\/，不过这个形状形象地解释了挥杆过程中杆身倾角的变向。对于那些挥杆时力量和流畅性不够、总是从外到内且平面都很陡直的球手而言，这种平面的转换十分重要。\/平面给了球杆以生机和活力，挥起来更显动态。同时，根据 J. J. 里韦特的相关测试，这个动作能在上杆和下杆过程中帮助脊柱角度保持稳定。这是连贯性中至关重要的一个因素，也是很多球手的问题所在。另外，请记住，轴心运动的转换过程也在挥杆平面转换中构成了关键的一部分。

上杆至顶端时，杆面居中不偏倚，手腕呈"杯弧状"。

快要击球时，为简化动作，左手腕在重回"杯弧状"前，先舒展或稍微弯曲。

问：上杆至顶端时，为什么左手腕要保持"杯弧状"呢？我之前觉得平放比较合理。

答：上杆至顶端时，为了让杆面居中，两个手腕必须保持"杯弧状"，也就是一开始的"祈祷式握杆法"，这样能简化手部动作。"杯弧状"能帮助手腕回转和屈起，从而为挥杆积聚力量。只有在击球时，左手腕才得以平放或稍微弯曲。

问：我以前一直觉得，在上杆时为了让挥杆的幅度尽可能大一些，左臂应该保持伸直状态。为什么您说左臂要放松，不要僵直呢？

答：很多人都强调上杆时挥杆路径扩展度和宽度的重要性，但这会导致很多问题。上杆当然得保有一些宽度，我并不是说左臂应该弯曲或下垂。很多球手一听到"扩展"这个词，就会过度使用手臂以实现扩展，这样会导致手腕位置错误，身体不能自如转动，从而使动作无法同步。的确，很多优秀的球手上杆时都能将扩展度和宽度同时顾及，但这其中很大一部分原因是他们力气大，灵活性较强。大部分球手没法让自己在上杆时动作同步，或者说没有那些先天身体素质。对他们而言，左臂放松、不僵直会让他们的上杆动作更容易重复和同步化。这样，就能把更多精力放在旋转身体和挥动球杆蓄力上，重要的是，这既可以让他们下杆时有更好的延展和杠杆力量，又能在击球时身体和球杆同时释放力量。

问：在 A 挥杆中，上杆至顶端时为什么杆身得指向目标方向右侧？我以前一直认为杆身得与目标线平行。

答：历史上很多伟大的球手——包括鲍比·琼斯、杰克·尼克劳斯、汤姆·沃森（Tom Watson）和早期的泰格·伍兹——在挥到上杆顶端时，都会让球杆指向目标方向右侧，也就是我们说的"横穿目标线"。对大多数球手而言，球杆横穿目标线上能让他们更容易进入下杆的平缓平面且从内挥杆，特别是在像 A 挥杆中手臂上杆经过的路径相对较短的情况下。当左臂贴胸、杆身陡直时，上半身的转动就会自然使球杆指向目标方向稍微偏右。不过，当挥杆路径又长又无力时，球杆横穿目标线会引发很多问题。而如果挥杆紧凑的话，球杆处在这个位置就很有利。

问：上杆时，杆身平面陡直，而手臂挥杆平面则很平缓。难道球杆和手臂不应该是在同一平面内移动吗？

答：陡直的杆身能让其以合适的平缓平面下杆。而较平缓的手臂挥杆平面则能将这两部分动作和身体躯干连接起来，和轴心运动同步。仔细观察的话，你会发现 A 挥杆的上杆平面既不过分陡直，也不过分平缓——实际上它是两者的结合。我把它称为"平缓—陡直上杆法"，即手臂挥杆平面平缓，球杆杆身平面垂直。

问：上杆时，如果左臂没有您所建议的那么靠内，或者杆身没有您建议的那么陡直，会怎么样呢？

答：A 挥杆之美就在于，只要你学着上杆的标准动作练习，就一定会有所提高。但在现实生活中，由于身体的限制，你也许很难完全按照那些标准动作练习。不过这也没关系，人无完人嘛！重要的是尽可能让球杆保持垂直，让左臂离胸部近一些（手臂挥杆路径短，身体旋转幅度大）。对于 A 挥杆而言，你无须只为抓住挥杆的感觉而过度卖力，这也是我为它自豪的一点。说白了，A 挥杆基本就是让你学会从上杆正确转换到下杆。虽然我一直在教授 A 挥杆，但学员之中只有少数人能完美上杆，做出标准动作。不过学习 A 挥杆有一个好处，那就是无论如何，只要越接近标准动作，那你的动作同步性、连贯性和击球率就一定会得到提高。

下杆

　　学习上杆时，你必须事先考虑一些相关的事情，但下杆动作是下意识的，它所需的时间占整个挥杆过程的1/3。如果你上杆时动作正确同步，身体躯干旋转得当，转换也完成得很好，那么凭借万有引力和离心力，你的下杆自然也能做得很好，即自然力便能赋予球杆流畅性和力量，从而使挥杆十分完美。不过我还是建议大家慢动作回放观看一下自己的下杆动作，这样你才能知道各部位应该如何循序渐进地发挥作用。我们的目标便是让下杆动作简化成为对上杆动作的反应——也是由于球杆击到球这一瞬间过于短暂，一切都是下意识的反应。另外，虽然本章把上杆和下杆分开来阐述，但请别忘记，你最终得把它们同步成一套连续的动作。

　　那从开始下杆到动作结束这短短的时间内到底发生了什么呢？下面便是顺序：

开始下杆时，左前臂背部和右手掌稍微往天空方向翻转，这也是 A 挥杆中挥杆平面"从陡到平"的一部分表现。

■ 开始（上杆到下杆的）转换动作时，下半身往目标方向转动，上半身和球杆仍在进行上杆运动。在"轴心运动"这一章提过，转换过程中增加髋部和肩膀之间的转动幅度差能够在挥杆中积聚更多的力量。这一充满活力的动作能够让手和球杆在下杆时与右肩和右手肘的动作互相配合。开始下杆时，为了和身体运动配合好，左前臂背部和右手掌稍微往天空方向翻转（从球手的视角）。杆身在顶端时平面陡直，所指方向横穿目标线。而此时球杆被放平到一个平缓的平面，因此手臂和球杆在下杆时没有刻意的翻转动作，不过在下杆后、击球前还是或多或少会需要进行一些翻转。这些动作创造出了字母 V（相对平面）的另外一部分。试着想象一下：从上杆顶端开始，杆身平面由陡变平，左前臂稍微往天空方向翻转。这些动作让球杆在下杆时真正有了生命力和流畅性。

下杆到一半时，杆身平面渐渐变得和刚开始上杆时一样平缓。

■ 下杆时，杆身平面渐渐变平，而后全力击球。这是 A 挥杆中最重要的特点之一。很多
业余球手下杆时从不让杆身平面变平，他们的平面总太过陡直。优秀的球手会让杆身
平面渐渐变得和刚开始上杆时一样平，也就是我们常说的"原始平面线"。平缓的杆身
平面或者说挥杆平面变平也是击球前让手臂和身体动作同步的先决条件。

下杆到击球前这个过程，杆身几乎和右前臂平行。

■ 下杆过程中，杆身平面渐渐变平，直到和原始平面线平行且在其上方——达成球杆击球
　　的正确角度。此时，右手肘靠近右侧髋部并在其前移动。当球杆与球更接近时，杆身
　　几乎与右前臂平行。此时身体舒展，力量得到了释放且重心转移到了左半身。手臂和
　　球杆随身体的运动做出反应，杆身角度现在与"\/平面"的另外一边完全吻合。

左前臂和右手掌向地面方向翻转，使得杆面正对目标。

■ 现在，为了释放球杆的力量且使得杆头面正对目标，左前臂和右手掌得向地面方向翻转，同时保持右臂伸直。从此时到击球那一瞬间，手带动球杆积聚力量，不能受到身体躯干的任何阻碍。另外，延迟释放力量的杆头要从目标线内侧往球的方向移动。

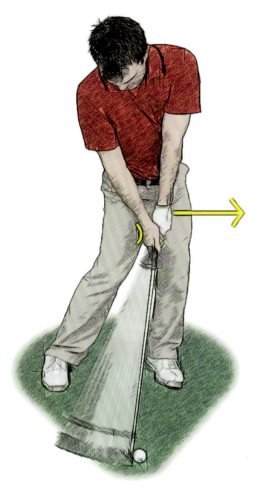

击球时，右手背呈"杯弧状"，左手
背和杆面与目标对齐，杆身前倾，与
左臂处于同一直线。

当球被击出后，铁杆头插进草皮，把部分草皮掀到
了球位的前面。

■ 如果你下杆动作循序渐进地进行，那么在击球一瞬间，释放力量的球杆和转动的身体
将会达到动作同步——先前所做的努力终于取得了回报！击球时，胸部正好在球的上
方，双手带着杆头运动，右臂微弯，右手腕向后弯曲或者呈"杯弧状"，右手掌往地面
方向用力。与之前相反，左手腕和左手背部现在放平（或稍稍屈起），杆面与目标对齐
（此时手的位置至关重要，能让球随着铁杆一起迅速飞出）。杆身往目标方向倾斜，与
左臂同在一条直线上。接着，杆头击球，然后插入草皮将部分草皮掀起。在击球区域，
杆面停留在目标线上的时间很短。击球瞬间过后，挥杆路线重新回到目标线内，与刚
刚的击球路线对称。

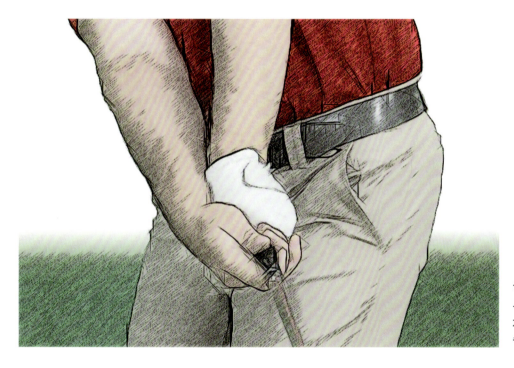

击球后手腕的位置
与击球前相反——
右手在下，左手手
背对着天空方向。

■　击球后，手腕的位置与击球前相反。击球前右手腕向后弯成"杯弧状"、左手腕放平（或
　　稍稍弯曲），击球后左手腕呈"杯弧状"，而右手腕只需稍微弯一点。这样有利于双手
　　释放力量，且能够保证在右手发完力之后，杆面仍能保持正对目标，继续在挥杆路线
　　上行进。

惯用右手的球手释放力量击球后，跟惯用左手的球手击球前的样子看起来差不多。

这次的释放动作也许会和你以前习惯的不大相同。基本上，右手要处在左手之下，而不是盖住左手，左手背面对天空的方向。此时手的位置跟惯用左手的球手击球前的位置很相像。

从击球后到顺势动作这个阶段，手臂和球杆仍在挥杆状态，渐渐与左半身接近，和胸部的旋转速度一致。如果此时胸部不动，手和手臂就会速度过快。

两手手腕位置不变，此时，挥杆动作结束。

下杆至一半时，杆头对着天空方向，此时的平面与顺势动作进行一半时的杆身平面对称。

■ 两手手腕位置不变，在左臂开始弯曲前的一刹那，双臂完全伸展。下杆一半的动作过程中，手腕再次铰合带动球杆重新转动（和上杆时的转动相反）。从球手的视角来看，此时杆头指向天空方向。同时，球杆在下杆和顺势动作时的平面相互对称。

■ 挥杆动作结束时，身体停止转动，同时球杆、手臂和手也结束它们的行程——动作同步的一种象征。一般情况下，这时的球手看起来就像在为拍照摆造型一样，身体靠左腿支撑，身姿平衡，右脚尖着地，球杆在颈后方。双手基本上也在身体后方，仍保持最初的"祈祷式握杆法"。

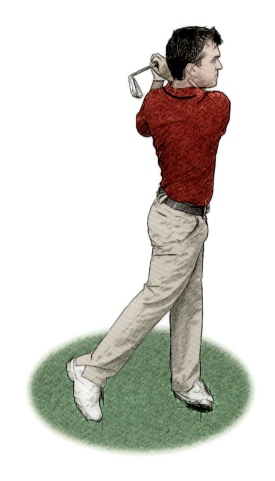

结束挥杆动作时身姿稳定，就像为拍照摆造型一样。

与略显呆板的上杆动作不同的是，下杆动作自如流畅，富有动态。身体躯干的轴心运动将能量传给了手臂和手，最终转换到球杆和球身上。当身体的转动（里面的小圈）与手臂和球杆的挥杆路径（外面的大圈）协调起来时，能量的转换就会变得很有效率。也就是说，这两个圆圈速度应该保持协调、不赶超。

我知道这样讲述下来读者需要消化的东西很多。我当然不要求大家把所有内容都一一记住——特别是在现实中，下杆和顺势动作需要花费的时间也极短，球手根本没有过多机会思考。但我觉得了解身体各个部分发挥作用的顺序非常重要。请记住，下杆中大部分动作都是反应性的，即上杆时动作循序渐进和良好同步的结果。不过，理解下杆动作的原理能让你更快地整体掌握 A 挥杆。

最后，我想提一提最近高尔夫界很少提到的一个概念——手部动作。现在很多技巧都以大肌肉群的运动为核心，我们前面也花了很多篇幅详细阐述了 A 挥杆的轴心运动。不过，我还是很注重正确的手部运动。前面已经很多次提到双手和手腕的动作，掌握这些尤其会对击球瞬间和击球过后的挥杆意义非凡。快要击球时，手对杆头面的控制可以影响击球的结果和轨迹。有句老话说得好："优秀球手的手部动作也绝对毫无瑕疵。"这句话放在今天也不假。另外，它也是 A 挥杆中不可缺少的一部分。

手部动作

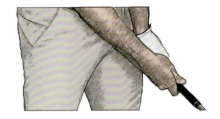

击球前右手向后弯曲。　　　　击球时左手腕放平。　　　　击球后左手在右手之上。

正如我在前面所说，把下杆动作慢动作回放几次，你就能回忆起各部分正确的位置。当你进步到可以全速挥杆时，再把那份感觉吸收进整个动作体系中。请注意，你的目标是让下杆动作变得完全出于本能且自动带出，是对之前所有动作的一种反应。

正确下杆带给球手的感觉

下杆时手和手臂的动作与"打水漂"相似。

■ 球杆快接近球时，你可以想象一下自己"打水漂"的感觉。此时肩膀放低，右手肘与髋部接近，同时牵制右手。

击球前后，球杆按着目标线内的弧线运动。

■ 试着想象杆头沿着一道假想的弧线移动，就像是呼啦圈或者圆圈的底部。下杆时，球
杆从目标线内往球的方向移动；击球时，杆头正好在目标线上；而在顺势动作过程中，
球杆又回到了目标线内。如果你能想象到这个呼啦圈摆放的角度和你的球杆一致，那
请注意，在击球前后杆头是绕着圆圈的曲线运动的，到最低点（击球）之后杆头移动
到左半圈，进入结束动作。

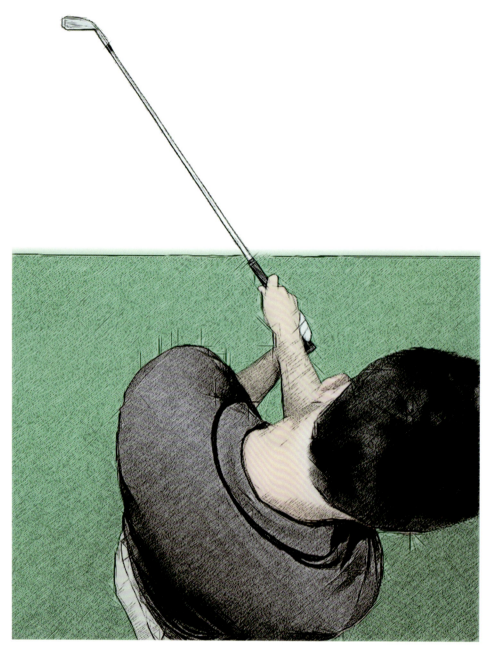

一个教授多年的常见释放动作：右手和右前臂在左手之上，和脸部较为靠近。

■ 击球后，右手腕稍微弯曲在下，左手腕重新弯成"杯弧状"。同时，左手背朝向天空方
向。这个姿势和传统挥杆方式所教的手部动作不大相同。在传统方式中，两手交叠在
一起，左手背朝向地面方向。而在Ａ挥杆中，右手放在左手下面，在进入顺势动作一
半时右手掌对着球手。此时右手的手势就像棒球投球手刚用尽力气投球后的状态。

右手的释放动作跟投球手抛球动作很像。

■ 为了让手臂和身体的动作能相互配合，要尽可能让胸部始终保持移动，直到整个挥杆动作结束。如果胸部的转动停止，手和手臂也要继续移动。

对照镜子，下杆至一半时，杆身平面需和"平面标尺"平行并在其之上。

■ 现在请看着镜子，利用可移动的"平面标尺"（参见本书最后的"A挥杆配套训练器材"），调整并标记出击球最开始时的杆身平面，即"原始平面线"。现在，请站到离镜子几英尺（1英尺=0.3048）远的距离，按A挥杆的方式上杆后再下杆，这时让球杆进入较为平缓的平面（在"原始平面线"之上，也就是我们前面提到的"\/平面"右边）。[1] 你可以这么检查动作对错：对照着镜子，当下杆至一半时，杆身平面和"平面标尺"标记的位置相平行，并在其上。杆身的平面位置要一直保持到球杆离球很近之时。这种挥

---

[1] 为了更好诠释"\/平面"，你可以在镜子上放上第二条"平面标尺"，代表A挥杆上杆时的杆身平面。——译者注

杆平面就是正确的，此时的击球位置也十分理想。另外，球杆不能落在"原始平面线"下方，这样会让杆身平面过于平缓，很多优秀的球手就常犯这个错误，使得击球路径严重偏向从内向外。

- 打短铁杆时，调整瞄球姿势后开始上杆。一旦到达顶端后觉得扭转姿势不舒服，就停顿一小会儿。再让下半身往目标方向转，舒展开来释放力量，开始击球。释放力量前先转动下半身能让下杆时各部位依次发挥作用，也就是让下半身带着上半身，包括手臂、手和球杆进行运动。利用这种"停顿片刻再击球"的方式击球入洞时，你要保持耐心。一开始可能会觉得难，或者不习惯，但要对其存有耐心。慢慢地，它一定能让你体会到循序渐进、动作良好同步的下杆感觉。

- 挥杆时动作放慢，当球杆刚要碰到球的时候停止动作，观察一下击球前身体和球杆的姿势。检查一下你的身体重心是否在左腿、左脚跟是否感觉到压力、髋部是否开放且已完成扭转动作、杆身是否向前倾斜、左手腕是否放平、左手背是否对着目标方向。将这个标准动作保持住几秒钟，接着利用腹部、胸部和右臂的力量轻轻击球。这项训练需要你拥有一定的力量和协调性。不过，在训练过程中你不可能一下把球击出很远，这也并不是训练目标。我们需要的是了解击球的感觉，以及体会身体的转动和球杆的释放是如何协调运作的。

A 挥杆

"下杆" 知识点

- 在下半身舒展时，球杆杆身趋向平缓（"V平面"的右半部分）。

- 感受弯曲的右手肘和髋部之间的联系。

- 球杆接近球时，想象要挥出从内到外的路径。

- 双手带动杆头击球（右手腕弯成"杯弧状"）。

- 伸展右臂，把你在击球区域释放右手的动作想象成棒球投球。

- 击球时向下发力，掀起草皮。击球后往目标线左边继续顺势挥杆。

- 胸部保持移动，与手臂、手和球杆的动作相互协调，直到动作结束。

- 动作结束时身体保持平衡。

下杆总结

高尔夫界有句老话："好的上杆造就好的下杆。"这话说得非常有道理。好的上杆方式能让下杆时的动作以正确的顺序进行，从而稳定下杆并最终击球。当下半身得以转回并舒展开时，手臂、手和球杆的动作也循序渐进地进行，力量最终在球杆上爆发。只要节奏和流畅性掌握得好，在很大程度上各球杆的不同设计功能就能保证稳定下杆。这点做到位，就能花费相对较小的努力发挥出恰到好处的能量。还有一点，虽然你掌握了关于下杆各个部位的细节动作，但要记得最终目标是无须过多思考就能自如下杆。流畅性的挥杆动作就像一辆火车经过很多车站却不在任何车站停留，只是一直向前驶去。

关于 A 挥杆下杆方式的常见问题

问：如果我上杆动作做得都不够好，下杆动作会怎么样？

答：A 挥杆的最大好处就在于，就算动作不像标准动作那么完美，但动作同步和击球情况也能有所改善。即使你的下杆动作只提高了一点，也能给你的整体挥杆带来很多帮助。我曾经观察过我的学生，他们在朝着标准动作努力的过程中，击球情况也得到了大幅度的改进——实际上，要想长期保持住"完美挥杆"的感觉仍是不可能的。举个例子，在学习上杆动作早期，你可能会学得很一般，杆身倾角不够或者杆身不像标准动作那样垂直。不过相信我，只要肯努力，你的动作就会越来越标准，球杆挥杆路径会越来越短，挥杆也会越来越有效率。这样一来，完美流畅的下杆动作（特别是"\/平面"）就会很容易实现。上杆的关键是利用左臂向内（手臂挥杆路径短，身体旋转幅度大）、倾角较大地挥动球杆，同时球杆所指方向横穿目标线。不过即使你不像图片演示得那么完美也没关系，那说明你还有很多进步空间，能让自己的下杆平面更标准、更平缓。多想想我们说过的"\/平面"（平面"由陡到平"）吧！

A 挥杆的标准动作　　　　　　　　　　　　　A 挥杆的近似动作

即使你无法让自己的上杆动作像 A 挥杆展示得那么标准、完美，你也可以看到自己的动作同步性和击球情况有很大的改进。

最终你对 A 挥杆的掌握情况可能很一般，不过没关系，你的动作同步性能够得到提高就已经收获颇丰。我的部分学生可以把 A 挥杆掌握得很好；而有些学生就算在练习挥杆时觉得自己已经志在必得，但真正击球时却还是做得很一般。但这就是 A 挥杆的魅力。不管你学得好或一般，都能有所收获；只要你吸取教训，勤加练习，也一定获益无穷。我们的学习目标是照着给出的方案去勤加练习。不过在这里我还是想说一下，上杆动作无论完成得如何，你都已经展现出了个人风格的 A 挥杆！请记得人人各不相同。即使挥杆动作背后的思路相同，这世界上也不会有两种完全一致的挥杆风格。A 挥杆还有另外一个好处，那就是从来没有学生需要在一个方面过度练习，因为他们每次挥杆的感觉都不会绕到旧路上去。因此，你可以一直不停探究，不断进步，一直对这种挥杆方式保持新鲜感。利用别的挥杆方式挥杆，有时候某种特定方式会带给你一些感觉，然后这种感觉会持续一段时间，之后你就得再开始探索新的感觉，但 A 挥杆并不是如此。挥杆的精髓相同，但每次的动作又都不一样，这是一种多么奇妙的体验！

问：我一直被教导，快要击球前左手腕弯成"杯弧状"或放平都是不对的。因为那样的话不就会打出挑击或铲去球吗？难道我的双手和双臂不应该来回翻转，让杆面始终正对目标吗？

答：击球前左手腕弯成"杯弧状"会打出挑击球，这一点你的确说对了。而我强调的是击球后手腕弯成"杯弧状"这一动作。我肯定不想要你在球杆碰到球之前，就利用手腕和手做捞球动作把球掀高，你的目标应该是向下击球然后掀起草皮。为了达到这个目标，在击球或击球刚结束的那一瞬间，左手腕要放平或只是稍微向前弯曲，右手腕向后弯成"杯弧状"。然而，在击球过后，当球离开杆面、双臂伸展的时候，右手的舒展要和右臂的伸直相互配合，所以此时左手腕弯成"杯弧状"，左手背正对着天空方向。这样能使杆面在右手完成动作时，依旧在挥杆弧线上保持正对目标，对精确度和速度有着至关重要的作用。最后请记得，惯用左手的球手在球杆接近球的时候手腕该怎么放：右手腕放平或微弯，左手腕向后弯成"杯弧状"。说白了，就是与惯用右手的球手利用 A 挥杆击球前后所做的释放姿势相互对称。

由于多年来传统说法一直让球手在做释放动作时前臂互相翻转且左手背正对地面，因此 A 挥杆的释放动作一开始可能会让你觉得不适应。经观察，很多球手因为不同的原因打出右曲球，最终孤注一掷，尝试利用前臂的翻转动作让杆面尽量闭合；也有很多优秀球手因害怕打出左曲球，一直"拖延"着不让球杆击球（这会花掉球手很多精力）。当这些球手完成击球动作后，力量传递到杆头上时因手腕和前臂的动作而产生翻转效果，不过幸运的是，大部分情况下球已经飞出很远的距离了。而在我所建议的释放动作中，前臂没有"拖延"或下意识的翻转动作，整个动作中只有右手自如释放，就像投球那样。不过也有一些特定的情况，比如说故意要击出低一点的球或者要打出小左曲，此时就需要翻转左前臂和手腕，并让杆面保持闭合。不过这些情况毕竟比较特殊，对一般球手不太适用。

A 挥杆总结

这一章可以说是 A 挥杆的心脏和灵魂，我希望读者多看，对照图片进行练习，这样才能清楚了解球杆和身体如何运动以及它们的运动轨迹。**这一章的关键在于感受正确上杆的感觉。**上杆动作做得好，那下杆动作和轴心运动自然也不会差。虽然你一开始可能会不适应 A 挥杆（因为它和传统方式不大一样），但不久之后一定能体会到它有多容易操作，更重要的是，有多容易重复操作。

我并不过分天真，我知道 A 挥杆肯定不会被所有人接受，也不可能适合每一个人。还记得我前面说的吗？这是一种可供选择的挥杆方式。如果你过去总试着靠传统方式提高自己，结果却不尽如人意，那 A 挥杆很可能是一个很好的选择。如果你正纳闷我那些著名的学生（从尼克·法尔多爵士到尼克·普莱斯再到魏圣美）有没有人试过 A 挥杆，那我的回答是肯定的，他们或多或少都有把它运用到比赛当中，并取得了巨大的成功。我对这些学生的教学理念还是以正确的瞄球姿势为基础，同时强调身体轴心运动、紧凑不拖拉的挥杆以及挥杆平面"从陡到平"；我的大部分学生动作同步都完成得很好——所有这些都是 A 挥杆的特点。这也是为什么我一直坚信，大部分球手只要采用了它，就一定会有所进步。你的挥杆一定会更加有效率，动作同步也会得到提高。如果你在练习时注重寻找挥杆的感觉，然后按着第 7 章的"7 分钟练习计划"加强训练，最终一定会慢慢掌握 A 挥杆，实现更连贯稳定的击球效果，达成你梦寐以求的目标。

我在引言提过，对于不同水平的球手而言，A 挥杆实在是一个替代传统方式的绝佳选择。它容易操作，一旦你尝试后找到属于自己的感觉，你的自信心和稳定性就会飞速提升，从而让自己差点更低且乐趣更多。如果你在学习的过程中出了点小岔子（我们都知道有时候打高尔夫会这样），那掌握这种挥杆方式能帮助你找到根源并快速解决问题。

本章的内容能帮你将 A 挥杆运用到实际中，同时学到更多知识，让你切实看到自己的进步。另外，我还总结了一套可以克服许多常见问题的"问题排除指南"。现在，你已经具备了一切条件，只要肯下功夫，就一定可以在能力范围内将自己的球技提升到最好水平。

第**6**章

A 挥杆的实际操作

挥杆准备

培养流畅、连贯的挥杆方式的其中一个挑战在于你要试着击中一个静止的球。而在其他球棍类运动中，你所要击中的是一个移动的目标，因此身体会本能地做出应该要做的动作。在这类运动中，身体所做的动作往往很迅速，不在大脑的意识范围之内，即本能反应决定一切。不过高尔夫球不是这样。你得从静止的站姿开始挥杆，并在短时间内完成一系列相对复杂的动作。在挥杆开始前，你有大把时间过度思考自己所处的环境，这样一来，大脑意识就会或多或少阻碍身体天生的运动能力。

那么，你该怎么克服这个障碍，让挥杆动作从一开始便能流畅地做出来呢？我推荐大家在击球前用一套简单的准备动作顺利上杆，使动作循序渐进地进行。其实也就是所谓的"**击球前的准备动作**"。通常情况下，很多高尔夫球手只是朝着球的方向下杆，击球前一瞬间的动作显得别扭而僵直，这样会产生紧张的情绪。但上面说的"击球前的准备动作"能消除这种紧张情绪，增加动作的灵活性。紧张是高尔夫挥杆的"头号杀手"！

优秀的球手在击球前准备动作各有不同，但关键是这些动作必须都要连贯、流畅地完成。最好的动作通常是最简洁的，因为击球前准备的时间越长，球手就越可能对挥杆进行多余的思考，这样会破坏动作的流畅性。我相信你肯定听过"**分析麻痹**"这个词。意思就是过度思考，特别是击球前的过度思考。球手挥杆前对着球"静止"站立几秒钟，那时的大脑肯定会产生许多活动。在这种情况下，球手很难把握好挥杆的节奏和流畅度。

如果你已经形成并习惯属于自己的一套"击球前的准备动作"，能够连贯、流畅地完成这套动作，那就继续坚持吧！然而，如果你像大部分球手那样没有属于自己的一套动作，那可以看看下面这些步骤（这些步骤配合 A 挥杆非常有效）。击球之前锁定目标，边在脑海里将自己击球的过程形象化，边按照如下步骤做准备：

1. 走到球位旁，调整至击球前（瞄球）站姿。

2. 双眼先慢慢瞄准目标，再看向球身后面。为了减缓紧张感，你可以稍微活动一下双脚。

3. 双臂放松，预演一下挥杆刚开始时的动作。利用核心肌群／腹部使得手和球杆稍微移动一段距离，直到球杆和右大腿并齐或稍微过一点点。此时，你会感受到自己的左臂和左胸轻靠在一起，而手要和身体靠近——这个动作和摆动动作差不多，但要保持杆面闭合且前臂不翻转。

4. 回到起始位置。此时，眼睛瞥回目标方向，然后瞄准目标。

5. 稍作停顿后按照预演的过程开始挥杆。

在做这些动作之前，你可以先在脑海里把它们过一遍。学会这套动作花不了多长时间，但整个过程最终应该变成一种自动反应。这样的话，你就可以继续下面的动作，而不用老想着要怎样、要何时开始上杆。一切都会变得十分自然，此后便可以自如、流畅地挥杆。

找到你自己的节奏

所谓好的节奏，我认为就是将挥杆的各部分动作连成一套流畅的体系。在击球前后，即杆头快速穿过击球区域时你看起来不会匆匆忙忙，也不需要花费过多力气。对于大部分高尔夫球手而言，他们的节奏感总是来了又走，时有时无。这次的挥杆动作能保持放松、流畅，下一次又会变得紧绷、不平衡。你甚至会听到职业球手说，他们由于节奏感控制得不好而打不好球。节奏感的把握的确是挥杆连贯性中一个很重要的部分。为了锻炼节奏感，你可以按下面两个步骤来：

1. 通过把注意力转移到呼吸上面来放松。击球前不要屏住呼吸。你要做的是通过鼻子深吸一口气，然后在挥杆前张大嘴巴开始吐气。整个挥杆过程都持续做这个动作。当你完成挥杆时，控制自己恰好完成吐气的动作。如果你的呼吸在整个过程能保持气息流畅的话，那你的挥杆动作也会很顺畅。

把球杆放在球前面，开始流畅挥杆训练。利用核心肌群让球杆离开原来的位置，然后完成挥杆动作，利落击球。

2. 在整个挥杆过程中把握节奏。我从过去到现在一直都很钟爱这项训练：用 7 号铁杆或 8 号铁杆挥杆，杆身倾向左腿外侧，杆头在球的前面且离地几英尺远。此时保持手臂放松，利用核心肌群从此位置开始挥杆动作（不是从平时常见的位置）。在比平时更靠前的地方开始挥杆可以增加整个过程的力度和流畅度。上杆快要结束时，保持下半身转回前方而上半身、手臂和球杆依旧向后移动，这种方向上的微小变换会为球杆积累更多力量。如果你在完成这部分时仍能保持动作流畅，那便可以创造出飞快的杆头速度。就像是钓鱼时甩线甩得好一样：右臂和右肩向前甩线，鱼线却依旧在向后移动。但当方向发生改变后，鱼线就会飞速向前移动。不过，这种方向上的改变并不会带给你猛烈或特别用力的感觉。因此，如果你能在训练过程中保持放松，那这项训练便是帮助你从挥杆开始到结束找对节奏、提升流畅性的绝佳选择。"轻松挥杆，用力击球"是我最喜欢的高尔夫球谚语之一，而这项训练内容正是实现这一目标的途径！

球座上击球

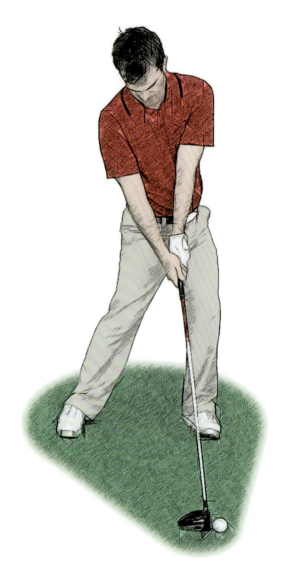

以稍微向上的角度把球从球座上扫出去。

当你用铁杆、铁木杆或球道用木杆击球上果岭时，你的击球角度得稍微向下。**但当球被架在球座上，用 1 号木杆或球道用木杆击球的话，目标则是控制击球角度稍微向上。** A 挥杆中的"\/"平面能通过增加发射角度和减少倒旋球使球手更容易击出这种"向上扫"的球，从而加大击球距离（击球后球在空中飞行的距离以及落到地面的滚动距离）。为了让自己的球座上击球更有力且距离更远，你必须注意以下几点：

1. **双脚之间的距离大于肩宽。**如果你用 6 号铁杆，双脚之间的距离要比肩宽三四英寸。用较长的球杆挥杆时，这种站姿有利于维持稳定性。

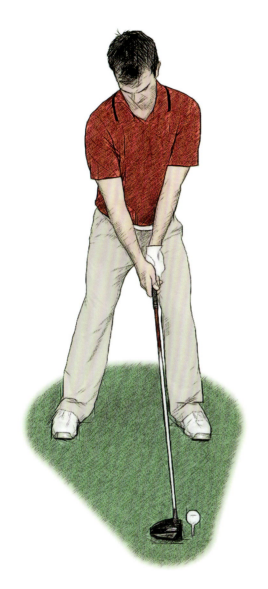

杆身倾斜，使得双手的位置比球的位置相对靠后。

2. 把球放得比所站位置再靠前一点，大概与左脚跟对齐，或和左腋窝相对。同时，要保证球座足够高，使得球的上半部分比杆面顶端高一些。

3. 左臀抬高，右臀则比使用6号铁杆时正常的站姿位置低一些。此时，脊柱朝与目标相反的方向弯曲且胸骨的位置不超过球的位置。由于左臀抬高，球又放得比较靠前，你会感觉到右脚承担了身体更多的重量（承担了55% ~ 60%）。

4. 击球前让球杆稍微斜向与目标相反的方向，这样一来，你的手就会和球的位置对齐，或者比球的位置靠后一些。不过，如果你是用铁杆击球，双手位置要稍微靠前一点。

请注意用铁杆和 1 号木杆击球时，击球过后一瞬间身体位置不同——用铁杆击球时脊柱更直，用 1 号木杆击球时脊柱则向与目标相反的方向弯曲。

    调整好站姿后，就该准备进行轴心运动，将身体扭转所产生的力量最大化。用 1 号木杆击球，此时的轴心运动多少有点像是第 4 章下杆时的一种转化，这样可以让你更好地向上击球。**在下杆的过程中，当双手差不多跟髋部一样高时，身体在击球前一瞬间向上伸直。这样一来，**你的头就会在作用力下朝右后方转动更多；击球瞬间你会比击球前显得更高一些（用铁杆挥杆，击球瞬间身体无须向上伸直）；且脊柱向与目标相反的方向弯曲。这个姿势能让你的手臂在击球时产生最大速度，在击球过后又能更好地伸展。比起用铁杆击球时保持身体高度和脊柱挺直，要注意击球时 1 号木杆的杆身不能向目标过于倾斜。事实上，1 号木杆的杆身应该基本与地面垂直，这样才能带动杆头"向上扫球"。另外，你也必须要像旧说法里那样，用铁杆击球时觉得自

己整个人在球的正上方，用 1 号木杆击球时要感觉到整个人都在球的后方。

我们对顶级精英球手相关生物力学的测试显示，比起用铁杆击球，用 1 号木杆击球时球手要站得更偏向球的后面。用 1 号木杆击球时左半身承担了身体大约 60% 的重量，而用铁杆击球时则承担了 80% 的重量。

身体向上猛然伸直会产生巨大的能量，就好比你蹲下来后利用腿和核心肌群跳离地面所产生的弹力一样。你肯定能在泰格·伍兹的挥杆中看到这个动作，在很多擅长长距离开球的冠军的挥杆动作中也会看到。顶级球手会增加身体与地面的距离产生杠杆力量从而使得杆头的速度最大化。通过身体猛地向上伸直，你不仅会积聚很多能量让球击得更有力，还能在击球瞬间帮助

利用轴心运动的训练，练习身体猛然向上伸直的动作。

球杆"向上扫"。这个向上伸直的动作跟伐木工人在砍树时的动作很相似：当斧子砍到树上时，他们的身体也跟着伸直了。这也就是我们追求的感觉。

为了练习这个动作，你可以复习一下不用球杆的轴心运动训练：调整站姿，双手交叠，上杆回旋。当你身体再转回舒展，进入想象的击球区域时，挺直脊柱，感觉自己变高了一些。这就是身体向上伸直的全过程。

当你转换重心、身体往目标方向移动时，"向上伸直"这个动作也就是一瞬间的事。换句话说，当你移动右脚而右臀对着目标线向前、向外移动的时候，就应该顺势挺直上半身。做好这个动作，特别需要注意掌握好时机。刚下杆时，你的身体还是处在重心较低的状态，后面才需要让身体伸直。你一定会惊讶于击球区域球杆运动的速度之快。用铁杆挥杆时角度向下，在击球瞬间你会觉得球杆在向左移动，与此相反，用 1 号木杆击球时，在击球瞬间你的挥杆轨迹从内向外，或者说向目标右边移动，这样能让你打出小左曲甚至距离更远的球。

我一直认为高尔夫有两种基本的挥杆方式，一种是挥杆角度向下的铁杆挥杆，一种则是挥杆角度向上的 1 号木杆挥杆。这两种方式的上杆都是一样的，但下杆却有各自的不同之处。充分了解这些不同能让你的整个挥杆过程更加连贯、稳定。

球道用木杆和铁木杆击球

用这两种球杆击球时，你的目标是使击球角度稍微向下，但角度不必像用铁杆击球时那么大。这一点在相对紧收的球位中尤为重要。用球道用木杆或铁木杆击球就要在 1 号木杆击球站姿的基础上进行一些调整：缩短两脚之间的距离，把球放后一些，把身体的重量平均分配到两只脚上。轴心运动和挥杆的相关内容在前面的章节都已经详细阐述过，在此不赘述。用这类球杆击球时，最关键的是保持脊柱角度不变，身体重心保持较低的状态。和用 1 号木杆击球不同的是，用这两种球杆击球时身体没有向上伸直的动作（这个动作会让球往高处飞）。当你利用稍微向下的角度击球时，最少得让杆头擦过草地。球手常犯的错误是试图把球直接打到空中，这样会导致击球不稳定。你得相信这些球杆的设计本来就可以让击出去的球在空中飞行。

劈起球 ①（切高球）

劈起球的挥杆很多时候可以说是全挥杆的"迷你版"。它同样需要稳定的下半身、良好的轴心运动和"由陡到平"的挥杆平面。不过上杆平面的角度不像全挥杆时那么夸大，下杆时杆身平面也没有那么平缓。劈起球的挥杆路程较短且更紧凑，动态性不太强，但对节奏感的要求比较高。从职业球手的得分情况来看，劈起球适合的码数范围是 30 ～ 100 码。下面是劈起球的关键点：

1. 缩短双脚距离。当离果岭越近时，双脚间的距离也要越短。要想打出距离最短的高飞球和低飞球，两脚之间的距离只有几英寸。

2. 把球正对着身体中线放置，左半身承担大约 60% 的体重，这样能让你向下击球时更有连贯性。

3. 握杆的位置比平时低大约 1 英寸，这样能让你更好地控制球杆。

---

① 劈击出短而高的击球，通常在果岭附近击出。——译者注

在劈起球的挥杆中虽然下半身偏向目标左侧（脚位开放），但右脚得向后退且脚位闭合。此时杆面
对着目标右侧。

4. 像全挥杆击球前的准备那样，右脚后撤，同时转动双脚和下半身对准目标左方。此时
   肩膀要保持与髋部平行。右脚后移能让你不过度使用膝盖和髋部，也能让球杆保持精
   准切球。

保持杆面开放后握住球杆。

5. 握杆之前让杆面稍微向外开放，这样在击球前杆面就能对着目标右侧。

你必须让杆面角度稍微开放（大约10度），因为劈起球的挥杆长度比起全挥杆有所缩短。当你运用 A 挥杆进行全挥杆时，上杆的前半部分应保持杆面闭合，上杆到顶端时杆面则要居中或者正对目标。但在劈起球短促的挥杆过程中，上杆的长度只有全挥杆的一半，所以击球前杆面稍微开放能保证其在到达更短的挥杆顶端时保持居中。如果上杆到一半时杆面闭合了，那你必须学会灵活处理，让杆面在开始下杆到击球时都保持正对目标。不过在这么短的动作内要做到这一点是很难的。

劈起球的上杆：挥杆平面没那么陡直，
杆面居中。

　　我把劈起球的上杆动作称为 A 挥杆的"压缩版"。轴心运动的动作还是一样：上杆时双手在内，杆头在外；下杆时挥杆平面变平缓。不过在劈起球上杆快完成时，比如说进行到 1/2 或者 3/4，杆身平面要变得比较竖直（与全挥杆中倾斜的角度不同），接着球杆改变方向，慢慢进入平缓平面，这样你整个挥杆动作就会比较连贯。可以说这就是"\平面"的"狭窄"版本！在这个"压缩版"的上杆动作中，由于挥杆路径更短、更流畅、没有过多动态的变化，你将没有时间，也没有必要迅速改变平面，调整好球杆击球时的位置或让整套动作变得可重复。

劈起球挥杆到1/2或者3/4的路径时，要考虑并协调好顺势动作的节奏。

跟全挥杆一样，劈起球的挥杆是由轴心运动控制的。而轴心运动和不同类型的球杆则决定了不同的击球距离。你所要做的就是针对不同击球距离，来掌控好轴心运动的旋转幅度，旋转幅度可以决定手臂上杆挥动路径长度和击出球的距离。利用高吊杆、沙坑挖起杆、距离补充杆和劈起铁杆可以练习劈起球：身体转动之后，左臂上挥直到与地面平行（挥杆至总路径的 1/2）。球杆较长时，上杆的左臂则要再往后一些（挥杆至总路径的 3/4）。以上这两种就是我所推荐的可以练习、坚持的上杆长度。记得要把上杆和顺势动作的节奏协调好，并让整个挥杆过程的动作都保持流畅。另外，挥杆过程中要让你的胸部不断地前后转动。用这些球杆挥杆时，速度不能太快，要注意控制好。劈起球的击球距离更长时，挥杆就更容易流畅，不过前提是你得换其他类型的球杆，而不是总用着同一根。掀草皮时要掀得恰好，不要太深，这样才能在击球时使球的"自转幅度"发挥作用。用不同类型的劈起杆变换挥杆路径时要注意调整好击球距离，还要把这些距离记下来。劈起球的击球结果主要取决于对击球距离的控制。

　　练好劈起球可以提高成绩，同样也可以提升你在全力击球中的动作同步和相关技巧。劈起球打得好能让你在手握长杆时变得更有自信，也可以帮助你全面掌握 A 挥杆，所以快开始练习吧！

塑造型击球

一旦你的技术越来越成熟，就会面临这样一个挑战：如何随机应变打出各种情况下的球？A 挥杆可以让你的球打得更有力且相对笔直（也许会比较容易打出小左曲和路径从右向左的球，但总之路径不会那么弯曲）。然而，有时候优秀球手会有意打出小左曲或小右曲。有时为把球打入狗腿洞[①]，可能得利用 1 号木杆和球座打出左曲球或右曲球，这样才能让击球距离达到最大；或者不时会碰到位于果岭左边缘或右边缘的球洞。风有时候也会影响球前进的方向，这样就得靠挥杆方向的修正来把一些不利因素给中和掉，比如说当风的方向从左向右时就要打出小左曲。如果你能根据环境和情况的具体要求打出理想的球，那便算是达到了非常令人满意的水平了。很多球手没有办法控制好塑造型击球，但这应该是一个努力达到的目标。一旦能掌握好 A 挥杆并打出有连贯性的球，接下来你就该学着如何控制好塑造型击球，自然而然就会体会到其中的乐趣。

接下来讲的东西可能有点复杂，不过了解球的运动曲线原理也很重要。球的运动曲率主要是由球杆的挥杆路径和杆面击球时的方向这两个因素间的关系所决定。杆面基本上控制了球最初的运动方向，而球杆的挥杆路径则影响球的运动曲率，这两个因素都会让球在空中从右向左运动（理想的方向是向目标右方出发，然后再飞回目标处）或者从左向右运动（理想的方向是向目标左方出发，然后再飞回目标处）。这些运动已经经过现代飞行检测器的验证，打破了许多关于如何进行塑造型击球的传统认识。

其实若想打好塑造型击球，你不需要在挥杆方式上进行过多调整。只需要在击球前稍微调整一下就能打出小左曲或小右曲。如果你想打出小左曲（从右向左），就得以目标线为参照，让自己的挥杆路径由内向外。换句话说，惯用右手的球手要想打出小左曲，就得在击球区域让球杆往目标右方挥动。此外，杆面还得稍微开放（指向右边，此时仍以目标线为参照）。不过还有一个重要的点：若是以球杆的挥杆路径为参照的话，杆面就得保持闭合或者指向左边。**所以请记住：以目标线为参照，杆面开放；以球杆的挥杆路径为参照则杆面闭合。**另外，务必要清楚目标线和球杆挥杆路径的区别。目标线指的是从球的位置到最终目标之间的直线，挥杆路径则是指杆头在到达击球位置前所经过的路径。如果击球时杆面以目标线为参照呈闭合状态，球就会向目标左方移动，而不是向目标右方。小左曲的运动曲率是由球杆从内到外的程度和杆面的开放程度所决定的。要想打出能重回目标线的小左曲，比起杆面角度，球杆的运动方向要稍微偏向目标右方（可以参照下页图片理解）。比如说，如果球杆从内向外的运动路径对着目标右方

---

① 狗腿洞指球道在中途急剧改变方向。——译者注

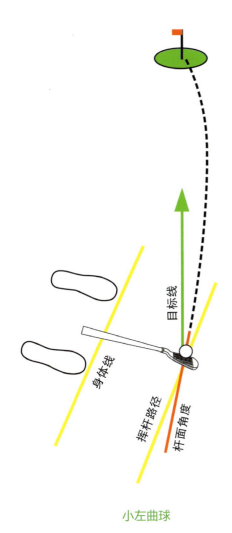

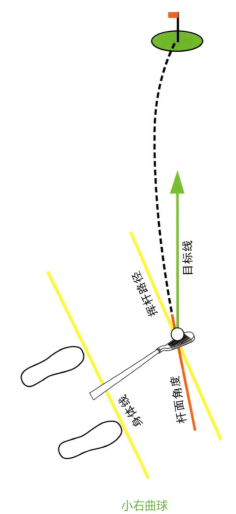

小左曲球

在小左曲中，身体和杆面往目标右方倾斜的比率是 2：1——比如，身体向右倾斜的角度为 10 度，杆面向右倾斜的角度为 5 度。

小右曲球

在小右曲中，身体和杆面往目标左方倾斜的比率是 2：1——比如，身体向左倾斜的角度为 10 度，杆面向左倾斜的角度为 5 度。

的角度为 10 度，那么杆面对着目标右方的角度大约是 5 度，这就是"2：1"比率的经验法则。总之，一个完美的小左曲就是在从内到外的挥杆路径中，杆面一开始是开放的，但在击球瞬间则是"正在闭合的"而不是"已经闭合的"。

相反，对于小右曲来说，球一开始向目标左边出发，最后再飞回来，那就会是相反的情况。球杆的挥杆路径从外到内，杆面在击球瞬间是关闭的，或者稍微指向目标线左方。不过请记得，杆面若以球杆路径为参照，就变成是开放的，或者是指向挥杆路径右方。总的说就是"**以目标线为参照则杆面闭合，以挥杆路径为参照则杆面开放**"！如果击球时杆面以目标线为参照是开放的，那球就会先向目标右方前进，然后再滑开。小右曲球的曲率取决于从外向内的挥杆路径的角度。当然也符合前面说过的"2：1"比率法则。如果球杆从外向内的运动路径对着目标左方的角度为 10 度，杆面对着目标左方的角度大约为 5 度，这样就能打出小右曲。可以用这么一句话来形容：杆面在击球瞬间是"正在开放的"而不是"已经开放的"。

我希望读者能明白对曲率的这部分解释，你也可能会多次重读这部分内容，但还是那句话，你在塑造型击球的过程中不需要有意识地对自己的挥杆方式做出改变。也正如前面所说，塑造型击球只与击球前挥杆路径和杆面角度的调整有关。所以现在，让我们把理论和物理学的相关内容抛到一边，只需跟着下面的步骤做：

在塑造型击球的过程中，相比之前常规、正对目标的瞄球站姿得做出一些调整，以击出小左曲球或小右曲球。首先，把注意力放在自己的身体上，包括肩膀、髋部和膝盖。为了提高连贯性，不管是小左曲还是小右曲，你都得让右脚在常规站姿基础上稍微后撤。但请记得，脚的位置并不会作用到击球的结果。打小左曲时，根据"2∶1"的比率法则，让身体和杆面对准目标右方。打个比方，如果你的身体对着目标右方的角度为 10 度，那么杆面的角度就只有 5 度。此时以你自己的站姿为参照，杆面是闭合的。打小右曲时就会变成相反的情况：身体对着目标左方的角度为 10 度，杆面的角度就只有 5 度。此时以自己为参照，杆面是开放的。

如果以上这些调整你都能做到位，接下来按照全挥杆那样做即可。身体和杆面所产生的并行角度会让球呈曲线运动。有些职业巡回赛的球手在打小左曲时会把球一开始放置在靠近自己方向的位置，打小右曲则会让球移远一点，这个大家可以自己去试验一下。不过除了这些，你不需要再做其他调整了，虽然这些调整也并不会影响视觉上球运动的路径。在平常练习时，你可以摆两根调整杆在地上——一根代表目标线，一根用来调整身体的角度。依靠这些，你也可以更容易看出杆面的指向。另外，你也可以找个人站在身后，帮忙看看你在塑造型击球过程中杆面和身体的指向。不过你得告诉那个人，别把注意力放在你的脚上面！

我鼓励大家去试验看看随着身体和杆面向左、向右的角度发生变化，你所打出的小左曲和小右曲的曲率会有什么变化。接下来请你牢记关于塑造型击球最后的几点建议：短的铁杆会使球产生倒旋（劈起杆中的 8 号铁杆），你很难用它们进行塑造型击球，所以一般要求用 3 ~ 7 号铁杆。要想控制好塑造型击球，一般不用杆面中心来击球，而用杆头顶部或底部，会让球不断左右旋转。当然，这部分内容要等你全挥杆打得连贯了才可以实践。

最后一个建议是：要有一定量的练习之后才能试着打这些类型的球。一旦你在高尔夫之路走到了这一步，你就会发现自己的技术日渐攀升！

A 挥杆问题排除指南

下面是 A 挥杆的"工具箱"，它不仅可以让你的挥杆方式变得可重复，还能在出现问题时进行修复。虽然 A 挥杆能使你获得进步，不过相信我，有时候你肯定会遇到这样那样的难题。虽然你有一份简单的蓝图可以跟着做，不过它总归还是一套复杂的系统，有时候需要进行一些调整。在学习 A 挥杆时，发现并改正错误是掌握技能的必要部分。当错误出现时，A 挥杆的简单性能让一切迅速又不费力气地重回正轨。我建议你时不时把自己的挥杆动作拍下来，看看它们是否符合这本书里的示例动作，检查动作和你对自己所做动作的感觉是否相同，这两点都十分重要！

下面是我从学习 A 挥杆的球手身上总结出来的十个最常见的错误，以及对应的改正措施。这些错误大部分是球手以前的挥杆方式所遗留下来的。毕竟有这么一句话：在高尔夫球学习中，旧习惯总是难以剔除。

1. **错误**：上杆开始时，球手举起球杆，手和手臂将杆头推到目标线外。

    改正：瞄球站姿调整过后，必须从腹部的核心肌群开始引导上杆动作。这样杆头刚上杆时离地面比较近且处在目标线之内，但处在手的运动路径之外。这一点十分重要，能让球杆上杆至顶端时动作流畅直接，且与转动的身体动作同步。

    检查：从肚子（腹部）的核心肌群开始上杆动作，刚上杆时杆头离地面比较近且处在目标线之内。

2. **错误**：开始上杆时，杆头处在目标线内，但球手过度翻转前臂和球杆。

    改正：上杆时过度翻转前臂和杆面开放会导致很多问题，使得杆头面在击球瞬间很难保持正对目标。因此你的目标便是让自己在上杆时没有翻转动作。上杆时让左臂靠近胸前，杆面则与球相对。右臂始终保持比左臂高，杆头处在手的运动路径之外。如果你想检查自己的转动动作，可以对照一面镜子进行观察。上杆到一半时，你要注意自己的右肘不能在左肘下面，应该是在左肘上面。

    检查：上杆时让左臂靠近胸前，杆面与球相对，右臂保持比左臂高。

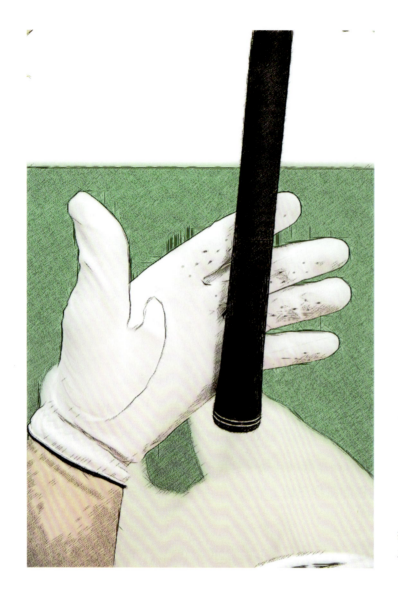

握杆时球杆落在
左手的手指上。

3. **错误**：上杆（"位置受限"）和下杆（"过早释放"）时手腕动作不当。

改正：上杆时通过屈腕和手腕蓄力来获得挥杆的杠杆力量，接着在下杆过程中尽量保持屈腕状态。挥杆最重要的是产生杠杆力量和有力击球，所以你要时不时检查一下左手的握杆方式。也就是说得保证杆柄斜握在手指，而不是在手掌上（握在手掌会阻碍手腕动作）。另外，你还得确保右手放在左手上面（"祈祷式握杆法"）。这样能让左手腕弓起时，右手腕得以对应进行铰合转动。上杆时回转手腕蓄力可以使手腕在下杆时更自如地释放力量，从而在挥杆中尽可能延迟释放，就可以产生更快的杆头速度。

检查：杆柄斜握在左手的手指和手掌之间，右手放在左手上面。右手腕上杆时蓄力且在下杆过程中尽可能持续下去。

下半身保持稳定,
转动上半身。

4. 错误：上杆时身体没有回旋。

改正：为了产生力量，必须在上杆时转动上半身，利用背部的大块肌群与稳定的下半身产生相反的抗阻力。你可以再回顾一下轴心运动第一部分的内容，回旋是靠核心肌群发力，回旋时左肩下沉，右肩和右臀上抬。下半身保持稳定不动，上半身完成回旋动作。你的灵活性越高，就越容易完成这个动作。如果你灵活度不够，为了更好回旋，你可以把左脚尖提起来（只要左膝不过分活动，是没有关系的）。你可以重新复习轴心运动没有球杆那部分的内容，直到在挥杆时能够找到回旋的感觉。

检查：达到上杆顶端时，左肩转动下沉，上半身转动时下半身保持稳定。

5. 错误：动作同步的相关问题。轴心运动在手臂和球杆到达顶端时就已经完成，或者手臂和球杆已经到达顶端但轴心运动还未完成。

改正：为了提高上杆时的动作同步性，让挥杆更加连贯稳定，就需要让身体的轴心运动带动手臂和球杆到达上杆顶端。手腕要先弯曲、蓄力，杆身得陡直一些，形成"**\/**"平面的左边，左臂靠向上半身而不向外。当你到达上杆顶端时，要确保右臂的二头肌和胸部之间有压迫感，这能让你的挥杆更加紧凑、短促。注意要让轴心运动和球杆挥杆至顶端这两个动作同时完成（A 挥杆的主要特点便是可以修正这一点——很多球手打不好高尔夫球的一个重要原因）。

检查：上杆至 1/3 时手腕完全向内回弯；球杆杆身要陡直一些（"**\/**"平面）；身体的转动和挥杆至顶端这两个动作要同时完成。

6. 错误：上杆路径长，动作不紧凑。

改正：很多年轻球手和过于灵活的球手上杆时容易路径过长，这样会导致动作不同步和不连贯。A 挥杆最大的特色之一在于它的紧凑性——让球手在较短的挥杆路径内进行充分的蓄力。如果你跟着前面有关上杆的部分进行练习，但挥杆却依旧路径过长且动作不够紧凑，那说明你下杆开始得太迟了。你的下半身应该更早或更快地开始转向目标。换句话说，当你正在完成上杆动作时，下半身就应该向目标的方向转动。这个动作可以让手臂停止继续上杆，缩短挥杆路径。想一想：当你身体已经朝向前面时，又能继续向后运动多久呢？

检查：要注意在手和手臂完成上杆动作前，就应该让下半身向前转动。

开始"反右曲"步骤训练时，缩短两脚距离。

上杆至顶端时，左脚往目标方向横跨一步，双脚距离回到标准宽度，这样就会令杆身平面变平缓。

7. 错误：总是打出右曲球或偏向球（球向目标左边出发）。这两种错误通常和"上杆路径过长"和"由外向内挥杆"有关。

改正：虽然每个球的运动路径总是有所不同，但右曲球（球飞出后朝目标右方曲进）和偏向球（球径直朝目标左方飞出）都是由同样的错误造成的：下杆平面太陡，球杆的运动路径由外向内穿过目标线。至于这种错误打出来的球是右曲球还是偏向球，取决于球击出时杆面所对的方向。对于惯用右手的球手而言，如果杆面刚好在这条由外向内的挥杆路径上，你将会打出偏向球；但如果以这条向左的路径为参照，杆面指向右边或保持开放，那你就会打出右曲球。为了避免这两个错误，请注意保持"\/"平面，记住上杆时平面陡直，下杆时平面平缓，而不是像很多右曲球手那样反过来。平缓的下杆平面会让球杆在相应的轨道上运动，且处在目标线以内。当你上杆至顶端时，就应该把身体重心往目标方向靠近——像做轴心运动的相关训练时那样。这一点会让你下杆时平面变平缓，也能让球杆移动到合适的平面和路径上。不过，你身体的下半身要占主导方向。如果你还是一直苦恼于无法挥出平缓的下杆平面，可以参考一个很棒的训练：调整站姿，让双脚之间的距离比平时窄一些。右脚还是放得比左脚靠后一点，但需要移动左脚，让双脚的距离近一些。现在开始挥杆，当上杆快要完成时，左脚再往洞口方向横跨一步，回到平常的位置。如果动作正确的话，你会有另外一个很重要的动作感受：当上半身依旧向后运动时，下半身往目标方向转动。这个有力的动作会让下杆平面自动变平缓，让球杆由内开始移动，从而避免了右曲球和偏向球。这个训练对纠正第 6 个错误也十分有用（一开始训练时不需要球）。

检查：上杆时杆身平面陡直，下杆时利用下半身的移动使杆身平面变平缓，形成"\/"平面。

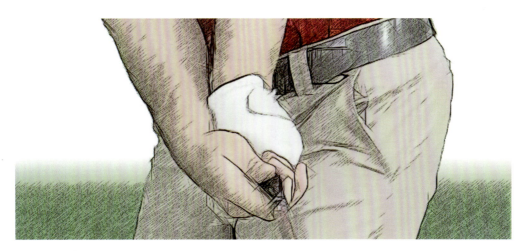

击球后右手在左手下面。

8. 错误：打出左曲球和阻挠球（球向目标右方出发）。这两个错误通常指的是太过向下用力或直接卡住。

改正：就像右曲球和偏向球之间的关系一样，左曲球和阻挠球的联系也密不可分。通常，比较优秀的球员更容易因为球杆击球前太偏向目标线内侧而打出这样的球。对于惯用右手的球手来说，如果杆面在击球时刚好落在这条由内向外的挥杆路径上，那球就会受阻或朝目标右方径直飞去。如果对于这条由内向外的挥杆路径而言，杆面向左或者比较闭合，球就会朝目标左方沿着曲线飞出。对于优秀球手而言，当他们的手和前臂动作太过迅速时，为了挽救糟糕的下杆动作，就经常会打出左曲球。有时候他们觉得自己会打出左曲球了，就会故意保持杆面开放来干扰球原本的飞行路线，让球飞向右边。挥杆中的手部动作一定得保持正确，<u>此时右手的位置就很关键了：击球时右手应该放在左手后面，击球过后右手则要翻到左手下面。</u>避免手和前臂过度翻转可以让球杆在击球区域往正确的方向运动，在击球时让杆头面更加对准目标，这两点都能提高击球的精确性。

检查：击球前右手在左手后面，击球后右手在左手下面。

9. 错误：用铁杆时击出的球不稳定。

改正：要想用铁杆有力击球，最重要的是击球角度要向下，这样可以产生倒旋，让球飞到空中。击球时身体的重量应该主要由左半身支撑，杆身则向目标方向倾斜。如果你没掀起草皮，或掀起的草皮在球位的后面，那你很可能击球时没有将身体的重量转换到左半身，或者是杆身没有往目标方向倾斜。出现这些情况，通常是由于球手尝试利用手部的捞球动作让球飞到空中，或者他们总认为得把杆头放在球"下面"，使杆头角度变大来把球击高。如果你想要击球后掀起草皮，那就得多加练习。为了感受这种类型的挥杆所带来的感觉，用短的劈起杆在平缓的下坡位进行练习会比较简单。另外，击球时请把更多的身体重量转移到左脚上（特别是用短铁杆的时候），这样能帮助你在击球时杆头角度向下。

检查：击球时身体重心转移到左腿上。在击球那一瞬间，感受到胸骨前移且和球处在同一直线上（术语为"身体把球遮住"），手的位置在杆头前面（离目标更近）。

10. 错误：节奏感差，挥杆不是太快就是太慢。

改正：要想用杆面中心点一直用力击球，最大的关键就在于节奏。在全挥杆过程中，不管你用的是什么球杆，整个挥杆过程所花的时间应该都是一样的，这便是节奏感强的重要标志。节奏感强能让你换杆之间动作仍保持连贯。刻意减慢挥杆速度或者尝试利用手臂和手部动作加快挥杆都可能会使击球不稳定。所以，你必须依靠身体的轴心运动控制好挥杆节奏。球杆的挥动速度不能比轴心运动的节奏更快或更慢；也就是说，手臂和球杆的动作要和身体相互协调，让挥杆看起来流畅稳定。利用轴心运动控制好挥杆的节奏不仅能让你在击球的关键时刻产生最大的力量，也能让球杆的运动曲线更加连贯，从而保证以杆面中心点击中球。

检查：挥杆的节奏由轴心运动控制。

运用 A 挥杆把这十个错误改正过来，才能使挥杆保持稳定和高水准。我推荐的改正方法，不只可以应对单个错误，其中我最喜欢的一项训练非"侧跨步"莫属，它能在转换过程中让下杆平面变得平缓。**很多优秀球手开始下杆时下半身先向目标转动，为整体协调性打下良好基础。**当你左脚跨向目标方向之后，就会觉得下半身也该随之转向。A 挥杆中关于下杆动作的设计就是为了让这个"神奇的动作"更容易达成：它规定了下杆动作的正确顺序，即由下半身主导下杆，接着是上半身、手臂和手，最后是球杆。做"侧跨步训练"能帮助你感受到上杆到下杆的转换过程，并将这份感觉牢记于心。总之，这项训练能让你击球击得更好，请抓住这份感觉并将其延续到你平时的挥杆中。

A挥杆给球手提供了一个发挥真正实力的机会，原因就在于它的简化性——既容易理解又便于学习。我知道很多人没那么多时间好好练习高尔夫球，所以设计了一个简单易学、容易出效果的练习计划。在我们对A挥杆的相关测试中，发现球手只要一周练两三次"7分钟练习计划"的内容，就能受益匪浅，巩固好重要的肌肉记忆。没错，你只要花**7分钟**的时间就能提高自己的球技，现在我们来说说这个计划！

第**7**章

7分钟练习计划

你在室内就可以做这些练习，而且不需要真正击球。当然你也可以去练习场打球，定期做一些总结，成效也会更显著。然而，在练习这个简短而精准的项目的过程中，随着你的自信心不断提升，非传统挥杆掌握得越来越熟练，这时就可以把时间多花费在近距离击球和推杆练习上，为降低差点而把所学内容运用到实际的击球中去。A 挥杆的"7 分钟练习计划"由六个部分组成。定期进行这个小练习会让你的挥杆操作起来更自如——也是为了达成你对个人技术的最好期待。如果你勤于此项练习，可能就不会在开始击球时绞尽脑汁回忆之前的感觉，比如，**上周看起来很奏效的那个方法是什么来着？**挥杆就是不断重复的过程——一次又一次重复相同的动作，避免机械化记忆或左思右想半天也做不出动作，在这一过程中你已经形成了属于自己的感觉。开始练习 A 挥杆时，可能还会受一些想法的干扰。但随着定期做 7 分钟练习，你的动作直觉和肌肉记忆都会帮助达成个人的完美挥杆。每周只要花上 21 分钟，收获的回报绝对会给你带来超出想象的惊喜。

计划概括

下面介绍了 6 项具体练习内容，按列出的顺序进行，每组练习重复 10 次。在每组练习空隙，也要留有足够的时间来整合动作。如果一开始你觉得 7 分钟内做完 6 组练习有点困难，也可以减少每组的重复次数，直到你觉得自己可以跟上整项训练计划。"7 分钟练习计划"不仅有助于提升 A 挥杆的相关技能，也可以增强你的灵活性。它可以作为一项独立的小型练习项目！

为了得到更好的效果，可以对着镜子和 / 或让同伴在一旁观察，并及时给你反馈。对照镜子练习时，应时刻变换角度，确认自己的动作做到标准。或者，可以偶尔把自己的挥杆练习拍摄下来，与书中的模特动作进行对比。做这项练习时，建议使用 8 号或 9 号铁杆，或者为此特别设计的短杆（详情请参见后面的"A 挥杆配套训练器材"），尤其适合室内的练习。

A 挥杆训练

7 分钟
练习计划

当你放低球杆时，保持上臂轻贴胸部。

1. **养成良好的瞄球站姿。** 下面的内容其实是对前面"基础要素"那一章节的简单回顾：调整站姿时，把球放在正中央（相对站的位置而言），采用"祈祷式握杆法"，挺直身体，保持平衡，把球杆举到面前。此时，双腿伸直，手臂放松并轻贴胸侧。接着髋部不动，上半身向前倾斜，尾椎骨后移，同时保持胸部朝上，肩胛骨下压，膝盖稍微放松。一旦你完成向前倾斜的动作后，左臀稍微上翘，接着放下已经放松的手臂，直到球杆着地。整个过程中，上臂始终轻贴胸部，右臂的位置稍微比左臂低一些。结束动作时，右脚稍微后移，使得右脚尖与左脚鞋带平齐。保持这个动作几秒钟后再进行重复（10 次）。

2. **强化轴心运动**。在这项训练中，我们一起来回顾一下第4章的轴心运动。首先，回到击球前的站姿，此时不拿球杆。接着交叉双臂，让双手握住腹部两侧的相对部位，就好像在拥抱你自己一样。整个轴心运动的过程都要有节奏感，一直持续到上杆顶端也要继续保持不要停止。另外，正如我们前面讲到的，过程中双脚要相应地感觉到压力。你可以放颗球在面前，有一个需要集中注意力的目标。为了把这项训练完成得更好，在整个轴心运动的练习过程中你可以让自己的臀部顶着墙。重复以上动作（10次）。

预先调整好握杆后，将球杆挥至顶端，让自己"上杆到顶端"的姿势更完美。

3. **单独练习"上杆到顶端"**。首先，回到击球前的站姿，利用"祈祷式握杆法"握住球杆。接着，上臂贴着胸侧，上抬手腕，举起球杆，使得球杆与脊柱角度相平行。杆身要稍微向右倾斜，这样才能和你在一开始倾转的脊柱相匹配。你可以对照着镜子进行动作检查。从这个预调位置开始转动你的身体，就像在正常上杆那样。在上杆至顶端这个过程中，左臂始终要和上半身保持接触。另外，手臂要保持放松，注意力要集中在"转动身体"和"让手臂挥杆路径尽可能短"这两件事情上。上杆至顶端时，球杆要稍微指向目标右方，两手腕背之间要对称，左臂要比肩膀低。重复以上动作（10次）。

两手隔开一定距离，真正感受 A 挥杆所带来的感觉。

4. **找到上杆的感觉，单独练习下杆动作。**首先，手拿球杆，回到击球前站姿。不过，此时要让球柄上的双手隔开大约 1 英寸的距离，这样能让你更加感受到手和手臂的动作。你可以在地上放个高尔夫球作为参照物。准备就绪后，先做上杆，接着按下列顺序进行检查，以确保各个部位位置正确：（1）左臂离身体较近且一直在胸前运动。（2）左手腕弯成"杯弧状"。（3）右手腕翻转，使得右手掌对着地面。（4）杆面对准球。（5）杆头在手的"运动轨迹"之外，但在目标线以内挥动。（6）右臂高于左臂。（7）上杆到一半时，球杆的角度基本上与脊柱相吻合——形成"\/平面"的左边。（8）上杆至顶端时，右臂二头肌和右胸肌肉互相挤压。（9）手臂挥杆路径短，身体有所转动。（10）上杆至顶端时，左臂在肩膀之下。（11）球杆指向目标稍偏右边的方向。接下来，可以准备下杆了。

当你正好完成上杆顶端的动作时，你的下半身也应自然地往目标方向转动，这样一来，杆身平面就会变平缓，形成"\/平面"的右边。当你下杆到一半停下来时，左臂得和胸部贴近，球杆则要和原始平面线相平行。你可以对照着镜子，让自己往和镜像相反的方向挥杆，对自己的动作进行检查。另外，你可以在镜子上贴一段平面标尺（参见书中最后的"A挥杆配套训练器材"），这段胶带要和刚开始挥杆时的球杆杆身角度，也就是原始平面线相吻合。当你下杆并到达这个参照点之后，要确保杆身平面与镜子上的胶带相平行（而不是仅位于胶带上面）。此时，你的身体（髋部和肩膀）要和目标右方对齐。保持该动作2秒钟，然后重复整套动作。做这些动作时，节奏要保持平稳，也要保持连贯，同时也要注意整个挥杆动作的形成过程。此外，你要真正感觉到自己是如何完成上杆动作、开始下杆动作的。（将该动作重复10次）

只用左手将杆头上杆到一半。此时，要保证好杆身角度与"\/平面"一致，且在下杆时让杆身平面变平缓，在顺势动作中释放球杆。

5. **训练左半身主导力量释放。** 首先，仅用左手握住球杆，位置在球杆手柄的一半偏下，或者你也可以用训练短杆；同时右手紧贴腹部的左半边（如果球杆太重的话就把球杆的上端放低一些）。此时左手腕要保持"杯弧状"，通过左手、左臂和左肩的力量推动球杆，模拟上杆动作。当你做这些动作时，利用右手拉着腹部的一边转动身体，这样可以激发核心肌群的力量，控制整个运动。另外，要确保球杆底部与身体接近，杆头在手的运动"轨道"之外。你只需上杆到一半，然后检查一下杆身平面的角度是否在"\/

平面"上（倾角不靠向身体这一边）。

接着，在注意动作连贯性的同时，下半身向前转动，此时你要能感觉到球杆杆身进入了完全不同的平缓平面，来到了" \\/ 平面"的另外一边，也就是从陡直平面到平缓平面。整个过程中身体要保持转动、没有多余动作，左前臂可以向下翻转。另外，球杆在经过击球区域时要快速通过，接着进入顺势动作的释放当中。在击球区域时左臂要和身体靠近一些；而在动作快要结束时、手肘弯曲之前，左臂绕过身体完全伸直。在挥杆的完成动作中，左手腕像最开始那样要保持"杯弧状"。事实上，在整个挥杆过程中，左手腕只有在击球那一瞬间是不呈"杯弧状"的，击球瞬间左手腕是放平的。（10 次）。

如果定期做这项训练（将球杆的顶端放低），那你的杆头速度将会越来越快。

6. **培养属于自己的感觉**。前面的训练已经涵盖了 A 挥杆的所有内容——基础要素、轴心运动、上杆至顶端、转换过程和力量释放。现在，是时候将这些连成一套完整的动作了。最简单的方法就是闭上眼睛，感受并练习身体、手臂和球杆的动作，以及它们是如何达成同步从而实现完整挥杆的。这样一来，你就能更快体会到自己动作的流畅性、节奏感和平衡性。现在，回到击球前站姿，用"祈祷式握杆法"轻轻握住球杆，接着开始上杆。感觉到了吗？你的左臂离身体越来越近，杆头在手的运动"轨道"之外。记得让手臂的挥杆路径尽可能短一些，但轴心运动要做到位，节奏要顺畅、平稳。当手臂和球杆完成上杆动作时，你要试着去感受下半身是怎么往目标方向转动的。另外，当重心通过右脚跟转移到左脚前部时，你还得感受到双脚的压力变换。而在击球那一瞬间，试着去感受重心转移到左脚跟以及身体的转动和手臂、球杆的释放是怎样实现动作同步的。还有，在击球区域球杆应自如挥动。另外，在击球那一瞬间，右手肘和右臀、左手肘和左臀要互相配合。挥杆结束时右脚尖踮地，身体保持平衡，保持这个动作一两秒

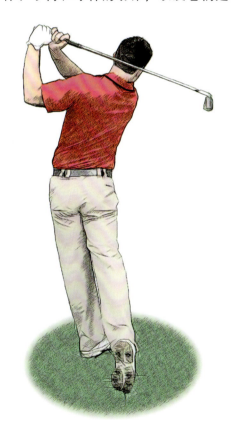

闭上眼睛练习 A 挥杆，能帮助你感受到各个部位正确的位置，同时能提高你的节奏感和平衡性。

钟。注意整个动作的整体流畅性。你一开始做这个动作时可能会失去平衡，但要坚持下去，直到感觉做起来已经毫不费力为止。

闭上眼睛挥杆的这项训练对增强整体感觉有很大帮助。练习击球的间隙可以在开球区进行这项训练；甚至在课程学习中，当你等着击下一个球的时候，也可以进行练习。如果你的挥杆动作杂乱、不同步或缺乏节奏感，那这项训练尤为有效。刚开始做这项训练时，你可以把速度控制为平时的一半，再慢慢增加到常速。定期做这项训练可以把 A 挥杆中所有因素融为一体，进而增强肌肉的记忆，让整体动作变成一种本能反应。你将会培养出一种关于挥杆方式的潜意识，这样一来，在挥杆的时候你的大脑就能保持相对平静，也不会过度思考了。这便是打出好球时大脑的最佳状态。重复该动作（10 次）。

A 挥杆对应的健身指南

除了"7分钟练习计划"，再给大家介绍一个简单实用的健身计划，可以帮助你增强自己的力量、稳定性和灵活性。这个简短、易于操作的健身指南是由特雷弗·安德森设计的，他是位于佛罗里达州奥兰多市的利百特学院总部"动态体能课程"的负责人。这个指南能帮助你更好地掌握 A 挥杆，特别适用于球手觉得自己的击球距离不够长、挥杆的灵活度不够或者打完高尔夫球之后身体酸痛等情况。那些身体僵硬、紧绷以及动作幅度有限的球手将会从这个指南中受益匪浅。每个人都可以把这个训练当成一项唤醒肌肉，让肌肉做好准备的"激活训练"——击球前肌肉要得到充分热身。和"7分钟练习计划"一样，这个练习也可以在室内做。比如在做热身运动之前，甚至在开始一轮击球前，你也可以练习部分内容。在热身运动前做指南中的部分训练只需要多花几分钟的时间。另外，如果你时间不够，也不需要做完所有的训练内容。特雷弗建议，球手可以尽量多重复每项训练内容，直到自己能够适应。不过，要多注意自己的动作。一旦慢慢习惯，就可以多做几次、多做几组。尽量定期去做这些训练，可以帮助你从根本上解决自己的问题，让你找到属于自己的良好击球方式。如果你年纪越来越大，却还能够保持动作灵活，即便已步入老年也可以打好高尔夫球，比如晚年的哈勒·欧文（Hale Irwin）、加里·普莱尔（Gary Player）和山姆·史尼德。请记住刚开始时要慢慢来，不要着急！你的目标是让自己在以后的高尔夫生涯里力道稍劲、肢体更灵活、平衡性更出色。

训练1——手握球杆平衡深蹲

步骤

- 开始时身体保持平衡，双脚之间的距离与肩同宽，双手抓住球杆两端，杆身靠在大腿上方。

- 保持脚后跟不离地且背部挺直，接着慢慢蹲下来，直到髋部位置比膝盖稍微低一些，或者是蹲到舒适范围内所能承受的极限（慢慢地你会蹲得更低一些）。与此同时，手臂握着球杆在胸前伸展开来。

- 保持这个动作，从一数到三。接着回到起始位置。（如果你一开始觉得这个训练很困难，可以让自己的后背顶着墙）

重复以上动作（10次）。

好处

这项训练可以激活下半身肌肉，使其变得更加强壮（包括腘绳肌腱、臀大肌、髋屈肌和股四头肌）。挥杆的时候，你需要让下半身十分稳定，才能使动作完成得敏捷、有力。

很快，你肯定会惊讶于自己下半身力量的大幅度提高。

训练 2——体前屈

■ 开始时身体保持平衡，双脚之间的距离与正常状态下的肩宽相同。接着，把球杆放到后背上方（刚好处在脖子和后背之间）。如果你觉得这样不舒服，那让双手交叉于胸前即可。

■ 膝盖保持稍微弯曲，通过弯曲髋关节（不是弯腰）让身体前倾。注意挺直、伸展后背。

■ 尽可能保持后背平坦，胸部对着地面，慢慢压低，直到腘绳肌腱充分伸展。坚持 3 秒钟后回到起始位置。

重复以上动作（10 次）。

好处

这项训练可以激活、伸展腘绳肌腱，从而减轻压力，让下背部得以放松，对于轴心运动十分重要。

训练3——下半身热身运动

步骤

- 从高尔夫标准站姿开始，髋部保持挺直。接着伸展手臂，把双手放到身体前面的高尔夫球杆上面，双手力量自然落到球杆顶部。

- 保持住自己的姿势。此时，上半身不动，尽可能往各个方向转动／扭转髋部，注意保持动作流畅。通过身体的核心部位感受动作，髋部先从后向右转动，再向前往目标方向转动。接着转向左边，最后回到起始位置。

重复以上动作（左右方向各 15 次）。

好处

这项训练可以让球手在上半身稳定不动的同时，下半身仍能保持灵活转动。同时，还可以放松髋部，训练下半身在下杆时占主导地位。另外，这项训练也可以改善 A 挥杆的上下杆转换动作。

训练 4——上半身热身运动

步骤

■ 站成击球前站姿，一只脚相对靠后，双臂交叉于胸前。

■ 保持住这个姿势。同时，身体往靠前的那只脚的方向尽可能最大幅度地转动，要注意保持住姿势和平衡，接着回到起始位置。（右脚在前是上杆时的转动，左脚在前是下杆时的转动）

重复以上动作（重复 10 次后交换两脚位置再做 10 次）。

好处

这项训练增强下半身的稳定性和平衡性的同时，还可以让上半身在绕着一个倾斜的"轴"运动时更灵活，转动幅度更大。另外，这项训练可以让你在上杆和下杆过程中，保持脊柱角度不变的同时，最大限度地转动和舒展上半身。

训练 5——手臂交叉运动

- 开始时身体保持平衡，双脚之间的距离与肩同宽。双手握着球杆两端，右手掌朝上，左手掌朝下。保持手臂在胸前伸直。

- 双臂依旧伸直，右手臂先翻转到身体左边，接着整个身体扭转到左边。

- 保持 3 秒钟，然后回到起始位置。

重复以上动作（一个方向重复 5 次，双手的位置做出改变，身体转向另一个方向）。

好处

这项训练启动、激活并放松肩部肌肉，帮助增大身体的转动幅度。

训练6——双手过头体侧屈

步骤

- 开始时身体保持平衡，双脚距离与肩同宽，双手握住球杆向上举过头顶，越高越好。

- 双臂尽量伸展。此时，身体通过弯曲髋关节（不是腰部）向右倾斜，请尽量保持下半身相对静止。

- 在保持平衡的同时，尽量让自己的倾斜幅度大一些。从一数到三后回到起始位置。

重复以上动作（左右各5次）。

好处

这项伸展运动激活了上半身，让斜纹肌和背阔肌做好热身，更好地进行轴心运动。

你会发现这份基础的热身指导侧重点都是身体核心部位的主要肌肉群——特别是你的核心肌群。在特雷弗看来，有力的上腹部是打好高尔夫球的关键。虽然增强肌肉、活动关节和提高灵活性并不是掌握 A 挥杆的必要条件，但我觉得做好这些可以让学习过程更容易一些，特别是当你想要让击球距离变得再远一些！你也许会惊讶自己的动作幅度、力量和速度竟会得到如此大的提高——在打高尔夫球中至关重要，特别是当年纪渐长的时候。你也许不喜欢健身，但一周做几次以上的训练对高尔夫球运动大有益处（一次做一两遍）。所以为了打好高尔夫球，好好健身吧！

写在最后的话

我希望大家能在阅读这本书时拥有良好的体验，并且会迫不及待地想要把 A 挥杆付诸实践。我知道这本书需要消化的内容有很多，所以建议你一点一点分开学习——基础要素部分、轴心运动部分、手臂和球杆的运动部分等。如果你看了文字指导内容，再时不时对照书里的插图，一周花些时间做几次"7 分钟练习计划"，那我相信过不了多长时间，你便能彻底掌握 A 挥杆。每次只要一预想这本书能为大家带来的影响，我就会感到激动无比。我在学生身上所看到的进步已经很让人心神振奋了！

在本书最后我加进了一些关于 A 挥杆的训练辅助器材，这些器材可以帮助提升你的学习进程。你可以登录 www.leadbetteraswing.com 了解更多相关信息，浏览关于 A 挥杆的最新消息和相关建议。另外，利百特高尔夫学院已经拥有世界范围内的多家分校，学院里的教练可以帮助你更好地学习 A 挥杆。你可以选择去拜访其中一家学院，上一节课试试看。

还有一点建议：一旦你决定开始学习 A 挥杆后，就要认认真真学，而且要有耐心。如果你遇到那些对 A 挥杆持批判态度的人士，说服你学习这种挥杆方式不过是在浪费时间，那我一点也不觉得惊讶。不过，在你否定它之前，可以自我审视："我现在的挥杆是不是不连贯？""我是不是又绕回之前的坏习惯里了？""我有潜力成为更好的高尔夫球手吗？"如果你的答案都是肯定的，那试着接受 A 挥杆也没有什么损失。而且这样一来，你也能有机会让这项运动迸发出新的生机来。虽然这是一种不同的挥杆方式，但也没有那么不入流。如果有人注意到这些不同，那他们可能更会对你的击球过程感到印象深刻，而不是单纯去批判你与众不同的上杆方式。比起传统的挥杆方式，A 挥杆更加简单、有效；更重要的是，它适应时代需求——高尔夫挥杆的传统学习方式需要做出一些改变。

　　一直以来，我的目标都是让球手享受这项伟大的运动，帮助他们把球打得更好。我可能更喜欢也更适合教学，经过三十多年的经验摸索，我觉得是时候找到一种传统挥杆的替代方式，帮助球手更有效率地做挥杆动作，击出好球。我想要帮助那些一直在这项运动中苦苦挣扎的球手，或者那些没有发挥自己最大潜能的球手（不管他们现在是什么水平）。正是因为目睹了这么多沮丧的高尔夫球手，才有了 A 挥杆的诞生。同时，它的诞生还得益于以下因素：我和很多优秀球手的合作（我从他们身上获得了有关"什么动作是有效的"以及"什么动作是无效的"的相关反馈），我在一些球手身上所做的实验和测试，相关科学技术的应用，以及比起一直教给学生的标准方式，我一直想找一种更简单的替代方式的那种欲望。

　　我很享受寻找替代方式的过程，在写这本书时也享受其中。所以，我希望你也可以享受学习 A 挥杆的过程——你一定不会有什么损失，反而可以收获很多东西。正如已故的卡拉威高尔夫公司的创始者伊利·卡拉威（Ely Callaway）在回答"为什么高尔夫球手总想买最新的设备"时所说："每个高尔夫球手总是希望在现有水平基础上把球打得更好。"A 挥杆可能刚好就是你的希望所在。

　　衷心祝福大家的高尔夫生涯有所建树！

附录：A 挥杆的完整顺序

致 谢

在 A 挥杆的最终发展阶段，以及在这本书的出版过程中，很多人都给予我非常大的帮助。我想在下面依次对他们表示感谢：

我的合著者罗恩·卡斯普里斯克（Ron Kaspriske），他在合作过程中始终勤奋严谨，注重细节；

书中的模特莱恩·布劳姆（Ryan Blaum），他愿意采用并练习 A 挥杆，现在已经有了巨大的收获。我相信他未来的高尔夫生涯一定会一片光明；

我的摄影师皮特·西蒙森（Pete Simonson）；

我的插画师斯科特·艾迪生（Scott Addison）；

我的助手杰西卡·马泽尔（Jessica Mazzer），她为本书内容的收集、整理做出不少贡献；

我一生的挚友，伟大的生物力学家 J. J. 里韦特；

我的健身主管特雷弗·安德森，他也为这本书贡献良多。谢谢你，特雷弗；

我的好朋友丹尼斯·沃森，他的意见至关重要；

这些年来我各个水平的学生，他们帮助我形成了对这项运动的独特思索（A 挥杆）；

参加 A 挥杆相关测试的学生，他们思想开放包容，同时给我反馈了很多有用的信息；

我所有的校对人员（中文版：Peter 和 Jason）；

我的编辑，圣马丁出版社（St. Martin's Press）的马克·雷斯尼克（Marc Resnick）。

联系合作

如果想了解更多关于世界各地利百特高尔夫学院的相关信息，以及 A 挥杆的相关产品信息，请联系：

A 挥杆

A 挥杆网址：www.leadbetteraswing.com

邮箱：info@leadbetteraswing.com

利百特高尔夫学院全球总部

网址：www.davidleadbetter.com

地址：美国佛罗里达州白鲨大道 8595 号冠军之门俱乐部，邮编：33896〔8595 White Shark Boulevard, ChampionsGate, FL 33896 (USA) 〕

免费服务热线：1-888-633-5323（连线）

电话：407-787-3330（美国）

邮箱：info@davidleadbetter.com

Twitter：@DavidLeadbetter

Facebook：www.facebook.com/ TheLeadbetterGolfAcademy

J. J. 里韦特：生物力学专家

邮箱：jj-rivet@biomecaswing.com

特雷弗·安德森：利百特高尔夫学院的体能管理资深导师

网址：www.leadbetterperformance.com

邮箱：trevor.anderson@davidleadbetter.com

出版后记

在高尔夫运动领域，无论青少年培训，抑或成人指导教学，中国近年来正积极与国际接轨。而《非传统挥杆》一书正是沿袭这一点，由国际著名高尔夫球教练大卫·利百特集合自身丰富教学经验所著，为高尔夫中颇为重要又难度较大的部分——挥杆——提供理论性与实用性兼具的最佳操作指南。

抛开用具、场地、球员心理素质等因素，光是维护挥杆动作的稳定性就是一个伤脑筋的难题。即便是已经赢得大满贯的选手，也多是凭借体力和精确度上的优势，在每次挥杆时不断修正杆头方向，或调整手臂挥动与身体转速之差来弥补各种问题。顶级球员尚且如此，业余爱好者们如无此方面的长进，却不断因失去挥杆感觉而灰心丧气，那对高尔夫这项运动也是莫大遗憾，然而真的找不到适用于所有球员练习的挥杆技术吗？

本书所提及的 A 挥杆技术可以成为人们的救星和答案。不仅缘于它对传统挥杆方式的革新，也在于理论与实践的有效结合。对高尔夫挥杆而言，应用研究可能比理论更难，它要求研究者既要对理论有深刻的理解，又要具备丰富的实践经验（球技），只有这样才有可能灵活运用理论找出解决实际问题的最佳途径。大卫作为从业超过 40 年的专业教练，已积累对上千名球手的指导经验，A 挥杆正是其丰富累积的精准输出。而书中也特别邀请生物力学专家 J. J. 里韦特实施更为客观实际的调研，通过测试各水平的学员，对 A 挥杆技术与传统挥杆方式进行数据对比分析，如上下半身转动幅度差、重心在两脚间的转换、手臂移动距离等，最终得出结论：A 挥杆的确使得球员"击球效率"有所提高。

或许可以这样说，正是大卫对于传授简单、实用且适用范围广的挥杆技术的热忱，才有了本书的付梓。无论是挥杆已经协调一致、自成一体的成熟型球手，还是渴望突破瓶颈、深受坏习惯影响的球手，希望都能以开放、包容的心态认真了解 A 挥杆，见识其颠覆传统方式的有效性与神奇魅力！

服务热线：133-6631-2326　188-1142-1266

服务信箱：reader@hinabook.com

后浪出版公司

2018 年 5 月

THE A SWING: The Alternative Approach to Great Golf

Text Copyright © 2015 by David Leadbetter

Originally published by St. Martin's Press, LLC

Published by arrangement with St. Martin's Press, LLC. All rights reserved.

本简体中文版版权归属于银杏树下（北京）图书有限责任公司。

版权登记号　01-2018-3933

图书在版编目（CIP）数据

非传统挥杆：精准实用的 A 挥杆技术 /（英）大卫·
利百特，（美）罗恩·卡斯普里斯克著；吴晓洁，魏宁译
.-- 北京：中国华侨出版社，2018.9

ISBN 978-7-5113-7711-1

Ⅰ.①非… Ⅱ.①大… ②罗… ③吴… ④魏… Ⅲ.
①高尔夫球运动—运动技术 Ⅳ . ① G849.319

中国版本图书馆 CIP 数据核字 (2018) 第 091127 号

非传统挥杆：精准实用的 A 挥杆技术

著　　者：［英］大卫·利百特　［美］罗恩·卡斯普里斯克　译　者：吴晓洁　魏　宁

出 版 人：刘凤珍　　　　　责任编辑：待　宵　　　　　特约编辑：张冰子

出版统筹：吴兴元　　　　　营销推广：ONEBOOK　　　　装帧制造：墨白空间·张静涵

经　　销：新华书店　　　　开　　本：889mm×1194mm　1/16　印　　张：13

字　　数：153 千字

印　　刷：北京盛通印刷股份有限公司

版　　次：2018 年 9 月第 1 版　　2018 年 9 月第 1 次印刷

书　　号：ISBN 978-7-5113-7711-1

定　　价：88.00 元

中国华侨出版社　北京市朝阳区静安里 26 号通成达大厦 3 层　邮编：100028

法律顾问：陈鹰律师事务所

发 行 部：(010) 64013086　　　　传真：(010) 64018116

网　　址：www.oveaschin.com　　E-mail：oveaschin@sina.com

后浪出版咨询(北京)有限责任公司

A 挥杆
配套训练器材

回旋飞镖

填充成固定形状的垫子，帮助
协调手臂与胸部动作。内置磁
块方便找回。

调整杆

用来参照身体并行线与
球位的长棍。

平面标尺

易撕除的胶带，粘在镜子
上用来对照挥杆平面。也
可重复使用。

短杆

28 英寸，平衡性能良好，
用于室内挥杆练习。

敬请期待更多 A 挥杆配套训练器材。

高效提升 A 挥杆学习技巧，请登录 LEADBETTERASWING.COM 浏览更多产品。